TABLE

DES

EDITS, DECLARATIONS,

ARRESTS ET REGLEMENS,

CONCERNANT

LES FERMES ROYALES-UNIES,

Rendus pendant la premiere Année du Bail de Me JACQUES FORCEVILLE.

Commencée le premier Octobre mil ſept cens trente-huit, & finie le dernier Septembre mil ſept cens trente-neuf.

TOME IX.

A PARIS,

Chez PIERRE PRAULT, Imprimeur des Fermes & Droits du Roy, Quay de Gêvres au Paradis, & à la Croix Blanche.

M. DCC. XLV.

TABLE

DES

EDITS, DECLARATIONS, ARRESTS ET REGLEMENS,

CONCERNANT

LES FERMES ROYALES UNIES,

Rendus pendant la premiere Année du Bail de Me JACQUES FORCEVILLE.

Commencé le premier Octobre mil sept cent trente-huit, & finis le dernier Septembre mil sept cent trente-neuf.

TOME IX.

A PARIS,

Chez PIERRE PRAULT, Imprimeur des Fermes & Droits du Roy, Quay de Gêvres au Paradis, & à la Croix Blanche.

M. DCC. XLV.

TABLE
DES
EDITS, DECLARATIONS,
ARRESTS ET REGLEMENS,

Rendus pendant la premiere année du Bail de Me JACQUES FORCEVILLE,

Commencée le premier Octobre 1738. & finie le dernier Septembre 1739.

Concernant les Cinq grosses Fermes, Domaines d'Occident, Tabac, Commerce & Manufactures.

Du 17 Novembre 1737.

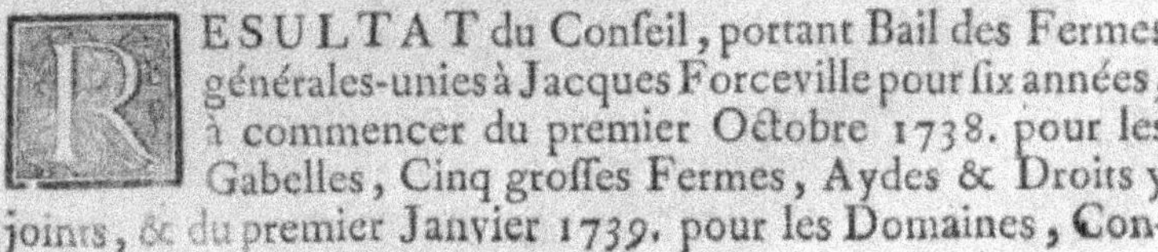

RESULTAT du Conseil, portant Bail des Fermes générales-unies à Jacques Forceville pour six années, à commencer du premier Octobre 1738. pour les Gabelles, Cinq grosses Fermes, Aydes & Droits y joints, & du premier Janvier 1739. pour les Domaines, Con-

trolle des Actes, &c. aux prix, charges, clauses & conditions y contenuës.

Du premier Juillet 1738.

* Arrest du Conseil, pour la prise de possession du Bail des Fermes générales, sous le nom de Jacques Forceville pendant six années, à commencer du premier Octobre 1738. pour les grandes & petites Gabelles; Droits manuels sur les Sels; Gabelles des trois Evêchés; Domaines & Gabelles de Franche-Comté, & Droit de Rehaussement sur le Sel dans ladite Province; Cinq grosses Fermes; Droits sur les Huiles & Savons; Aydes, Entrées de Paris; Impôts & Billots & Formule de Bretagne; Marque d'Or & d'Argent; Marque des Fers; Formule dans les Pays où les Aydes ont cours; Domaine, Barrage & Poids-le-Roy aux Entrées de Paris; Jauge & Courtage; Courtiers-Jaugeurs, Inspecteurs aux Boucheries & Boissons; Droits sur les Suifs à Paris, & pour la Ferme du Tabac; & au premier Janvier 1739. pour les Domaines de France, Controlle des Exploits; Domaines de Flandre, Haynault, Artois, Alsace; Principauté d'Orange & Duché de Châteauroux; Controlle des Actes; Sceaux & Insinuations Laïques; Greffes, Amortissemens, Francs-Fiefs; Formules dans les Provinces où les Aydes n'ont point cours; nouvelle Formule des Notaires de Paris; Droits reservés dans les Cours & Jurisdictions du Royaume; Gages intermédiaires; Domaines d'Occident en France; Droits casuels réünis au Domaine, & autres Droits compris au Bail dudit Forceville; deux & quatre sols pour livre de ceux de tous lesdits Droits qui y sont sujets.

Permet audit Forceville & à ses Soû-Fermiers de se servir des Timbres actuellement en usage.

Dispense les Employés qui ont prêté Serment pendant les précédens Baux & Soû-Fermes, de le prêter de nouveau; leur permet de verbaliser dans le Ressort des Jurisdictions où ils pourront se trouver; défend aux Juges d'annuller leurs Procès-verbaux, sous prétexte que leurs noms ne se trouveroient point inscrits dans un Tableau déposé au Greffe de leur Jurisdiction.

Permet audit Forceville & à ses Soû-Fermiers d'entretenir ou de résilier les Baux à loyer des Maisons & Greniers; en-

femble les Abonnemens, Traités & Marchés qui peuvent avoir été ci-devant faits par les précédens Fermiers & Soû-Fermiers, de partie desdites Fermes & Droits.

Régle les Droits d'Enregistrement dudit Arrest, & ceux de reception & prestation de Serment des Employés; & ordonne que les Réglemens rendus au profit des précédens Fermiers, seront exécutés en faveur dudit Forceville & de ses Soû-Fermiers, comme s'ils avoient été rendus sous leurs noms.

Du 16 Septembre 1738.

* Bail des Fermes Royales unies fait à Jacques Forceville pour six années, à commencer pour les Gabelles; Cinq grosses Fermes; Aydes, Entrées, Tabac, Papier & Parchemin timbrés des Provinces où les Aydes ont cours, & autres Droits y joints, le premier Octobre 1738. & pour les Domaines de France & d'Occident; Controlle des Actes des Notaires; Greffes, Amortissemens; Droits reservés dans les Cours & Jurisdictions, & Droits y joints, le premier Janvier 1739. *Registré où besoin a été.*

Octobre 1738.

* Edit du Roy, *Registré en la Cour des Monnoyes le 5 Octobre* 1738. Portant qu'il sera fabriqué de nouveaux Sols de vingt-quatre deniers; fixe au quarantiéme la quantité desdits Sols qui doivent entrer dans les payemens; défend de mettre aucunes menuës Monnoyes dans les sacs d'Argent, & de mettre plusieurs sortes d'Espéces dans un même sac; ordonne qu'il ne sera fait des sacs que de 1200 liv. de 1002 liv. de 900 liv. & de 600 liv. sauf à être retenu ou rendu le prix des sacs sur les pieds fixés par l'Arrest du Conseil du 27 Janvier 1711.

Octobre 1738.

Lettres Patentes, qui réünissent les Offices de Juge-Conservateur des Fermes, d'Avocat-Patrimonial, & de Procureur-Patrimonial de la Ville & Vallée de Barcellonette, aux Offices de Préfet, & des Avocat & Procureur du Roy au Siége de la Préfecture de la même Vallée, pour par ledit Préfet exercer les fonctions de Juge-Conservateur, ainsi qu'il est réglé par l'Article VII. de la Déclaration du 21 Février 1716. à la charge de l'appel en la Cour des Comptes, Aydes & Finances d'Aix; & par les Avocat & Procureur du Roy audit Siége, exercer celles d'Avocat & Procureur-Patrimonial, suivant les Usages du Royaume.

Du 7 Octobre 1738.

* Arrest du Conseil, qui ordonne aux Employés des Fermes générales, de remettre aux Greffes des Amirautés des doubles des Procès-verbaux qu'ils feront pour les affaires dont la connoissance a été attribuée ausdites Amirautés; enjoint aux Officiers de l'Amirauté de S. Malo, à leur Greffier & à ceux des autres Amirautés d'exécuter l'Article VI. de l'Arrest du Conseil du 14 Septembre 1728. & en conséquence, de se conformer aux Ordonnances de 1670. 1680. & 1687. Déclarations des 25 Mars & 23 Septembre 1732. pour les Inscriptions de faux & autres Reglemens concernant la régie des Fermes, & leur défend de se taxer arbitrairement de plus grands droits & vacations que ceux qui leur sont attribués par les Edits & Déclarations de 1686. 1687. & 1688. à peine de restitution du quadruple & de 1000 liv. d'amende.

Du 7 Octobre 1738.

Arrest du Conseil, qui casse deux Sentences de l'Election de Peronne du 6 Aoust 1738. rendues au profit des nommés Charles Dournel & Georges Beauvais, des Villages d'Itre & de Vaux en Artois, Prisonniers audit Peronne, pour avoir été arrêtés en campagne, le premier le huit Mai 1738. avec treize livres douze onces de Tabac de contrebande, & le second le 10 du même mois avec une livre douze onces aussi de faux Tabac par eux acheté en Artois; & commet le sieur Intendant de Picardie, pour faire droit en dernier ressort sur les Requestes presentées par Nicolas Desboves, Adjudicataire des Fermes générales à l'Election de Peronne le 23 Juillet 1738. à fin de conversion en la peine des Galeres, des Amendes, prononcées contre lesdits Contrebandiers faute de payement desdites amendes.

Du 21 Octobre 1738.

Arrest du Conseil, qui par grace, & sans tirer à conséquence, permet au sieur Devaux de faire transporter jusqu'à Paris par la Loire les charbons qui proviendront de ses carrieres aux environs de la Ville de S. Etienne en Forest, à la charge néanmoins par lui de ne pouvoir faire faire les transports desdits charbons, qu'après en avoir approvisionné par préférence la Ville de S. Etienne, dispense ledit sieur Devaux de faire mettre dans des sacs cachetés les charbons qui seront transportés de ses carrieres, à la charge par lui de faire remettre au Subdelegué du sieur Intendant & Commissaire départi à S. Etienne, un état de lui certifié de la quantité de voyes de charbon qu'il voudra faire voiturer sur la Loire; & ce nonobstant les défenses portées par les Arrests des 9 Décembre 1724. & premier Avril 1738.

Du 21 Octobre 1738.

Arrest du Conseil, qui commet le sieur de Lesseville, Intendant & Commissaire departi en la Generalité de Tours, pour instruire & juger souverainement & en dernier ressort le Procès aux nommés Neveu Colporteur de Toilles, Pierre Morial le jeune, Garçon servant au Moulin à Tan de ladite Ville, la Roche Tisserand, & la femme du nommé Perault Journalier, qui ont occasionné une émotion populaire, ainsi qu'aux autres Auteurs, fauteurs, participes ou adhérans des insultes, violences & voyes de fait commises en la Ville de Châteaugontier, en la personne des nommés Tavannes & Rabeau sous prétexte qu'ils enlevoient & charioient des bleds ainsi qu'il est plus au long mentionné en la plainte du 13 Octobre 1738. qu'ils ont rendue devant le sieur Pierre-François Dublemeau Lieutenant Particulier Criminel & Assesseur Civil & Siége Présidial de ladite Ville de Châteaugontier, & Subdelegué dudit sieur Commissaire départi, circonstances & dépendances en appellant avec lui le nombre d'Officiers ou gradués requis par l'Ordonnance, évoque

& renvoye pardevant ledit ſieur Commiſſaire departi toutes les Procedures qui pourroient avoir été commencées pour raiſon de ce en quelque Juriſdiction que ce ſoit, pour être le tout par lui jugé ſouverainement & en dernier reſſort, lui attribuant à cet effet toute Cour, Juriſdiction & connoiſſance.

Du 21 *Octobre* 1738.

Arreſt du Conſeil, qui renvoye les conteſtations d'entre le ſieur Archevêque de Narbonne & le ſieur Baron, pour ce qui concerne l'inféodation faite le 31 Octobre 1671. de cent ceſterées de terres vagues & en friche, dépendantes du temporel de l'Archevêché de Narbonne, au nommé Jean Baron du lieu de Sijean, moyennant une redevance annuelle de ſix deniers pour chaque ceſterée, pardevant les Juges qui en doivent connoître pour leur être fait droit, & par proviſion ordonne que par le Sr Intendant de la Province de Languedoc, il ſera inceſſamment procedé à l'adjudication au rabais des ouvrages à faire pour la conſtruction du Bâtiment ordonné par l'Arreſt du 13 Août 1737. ſur la partie du Terrain infeodé audit Baron, pour ſervir de Bureau des Traittes & loger les Employés des Fermes établis au Port de la Nouvelle.

Du 21 *Octobre* 1738.

Arreſt du Conſeil, qui accepte les offres faites par Jacques Forceville, Adjudicataire des Fermes generales, pour ſix années, à compter du premier Janvier 1739. de prendre à titre de Ferme la jouiſſance des revenus du Vicomté de Turenne & Terres en dépendantes mentionnés au Bail de ladite Terre, fait par le Sr Duc de Bouillon le 24 Mai 1736. à Pierre-Paul Binois, Jean-Baptiſte Molin, & Anne-Louis la Cauche; & ce moyennant la ſomme de 58000 liv. par chacune deſdites ſix années, & permet audit Forceville de ſous-fermer leſdits droits & revenus, ainſi que ceux de Controlle des Actes des Notaires, Petits Scels, Inſinuations, Centiéme denier, Controlle des Exploits, ſaiſies mobiliaires, Amortiſſemens, Franc-Fiefs, Echanges, Greffes, Droits réſervés ſur les Actes judiciaires, & Papier timbré dont la perception a été ordonnée par Arrest du Conseil du 7 Octobre 1738.

Du 28 Octobre 1738.

* Arrest du Conseil, qui casse deux Sentences de la Jurisdiction des Traittes de Vannes du 4 Septembre 1738. ordonne que la Demoiselle Marie Chevalier veuve du sieur Quimper, & le sieur Jacques Quimper son fils, Négociant à l'Orient, & le sieur Trehazard Bonfils, Négociant à la Rochelle, rapporteront dans trois mois un certificat du sieur Bousignac, préposé à S. Sébastien pour la décharge des acquits à caution expediés pour les Marchandises provenant des ventes de la Compagnie des Indes qui sont destinées pour S. Sébastien, portant que les Marchandises prohibées & autres mentionnées dans les acquits à caution des 14 & 15 Octobre 1737. y ont été transportées & déchargées conformément aux soumissions faites lors de l'expédition desdits acquits, sinon & à faute de ce faire dans lesdits trois mois, les marchandises seront & demeureront confisquées au profit du Fermier, & condamne lesdits Veuve Quimper, Quimper fils & Trehazard Bonfils à en payer la valeur, & en l'amende de 3000 liv. à quoi faire contraints par corps; ordonne en outre par forme de Reglement, qu'il ne sera expedié dans les Ports & Bureaux des Fermes, des acquits à caution pour les marchandises destinées pour S. Sébastien & Bilbao, que sur les soumissions qui seront faites par les Négocians de rapporter certificat du déchargement qui aura été fait dans lesdits Ports, signé des Preposés à cet effet, sous les peines portées par les Reglemens; avec défense aux Commis des Fermes de recevoir d'autres certificats que ceux qui seront signés desdits Preposés.

Du 28 Octobre 1738.

* Arrest du Conseil, qui casse une Sentence rendue par les Elûs de Doulens le 4 Juin 1738. en ce qu'elle a ordonné que l'Instance civilement commencée contre des Contrebandiers, seroit convertie en Procès extraordinaire & poursuivie à la diligence du Fermier; confisque 422 livres de faux Tabac & autres marchandises saisies par le Procès-Verbal des Employés des Fer-

mes, du 21 Mai précedent sur les nommés Jean-Baptiste & Jean Mabire pere & fils, du Village de Fleury la Forest en Normandie, les condamne chacun en 1000 liv. d'amende solidairement & aux dépens ; & défend ausdits Elûs de Doulens & à tous autres, d'obliger le Fermier à prendre la voye extraordinaire lorsqu'il ne s'agira point de rébellion, de transport de Tabac avec attroupement & port d'armes & autres affaires criminelles énoncées dans l'Art. VIII. de la declaration du 6 Décembre 1707.

Du 28 Octobre 1738.

Arrest du Conseil, qui autorise Jacques Forceville adjudicataire de la Ferme du Tabac & ses cautions, à traiter pour se faire subroger aux adjudicataires des Fermes du Tabac de Valenciennes, S. Amand & celles des autres Villes, Bourgs & Communautés qui ne sont point compris dans l'étendue de la Ferme generale, & qui ont des Octrois ou des Privileges particuliers pour le Tabac, & en conséquence desdites subrogations, percevoir lesdits Droits en la forme dans laquelle ils ont été régis jusques à présent.

Du 31 Octobre 1738.

* Arrest du Conseil, qui permet de faire entrer les Livres venant d'Italie, de Suisse & de Geneve, & destinés pour Paris seulement par le Bureau des Fermes établi aux Rousses sur la Frontiere de Franche-Comté, & ordonne que les Balles, Ballots, Caisses ou Paquets contenant lesdits Livres & Livrets destinés pour Paris, seront plombés audit Bureau des Rousses pour être expediés par acquit à caution, en faisant par ceux à qui ils seront adressés ou par leurs Commissionnaires, leurs soumissions audit Bureau, de representer lesdites Balles, Ballots, Caisses ou Paquets à la Douanne de Paris, & de rapporter dans deux mois sur ledit acquit à caution un certificat portant que lesdits Livres auront été remis à la Chambre Syndicale des Libraires de Paris, le tout sous peine de confiscation & de 1500 liv. d'amende.

Du

Du 4 Novembre 1738.

Arrest du Conseil, qui déboute les Maires & Jurats de la Ville & Jurisdiction de Castillon, & Pierre du Mignon, Syndic de la Communauté de ladite Ville & Jurisdiction de Castillon, de leur opposition à l'exécution tant de l'Arrest du Conseil du 30 Decembre 1732. que de l'Ordonnance de M. l'Intendant de Bordeaux, du 30 Avril 1737. par lesquels il a été ordonné que le droit de petite coutume de 16 sols par Tonneau de Vin qui se recueille dans la Jurisdiction de Castillon, continueroit d'être payé par les habitans de Castillon pour les Vins seulement que lesdits habitans feroient sortir & transporter ailleurs qu'en la Ville de Bordeaux, & que les habitans de la Ville de Libourne seront déchargés dudit droit de petite coutume pour les Vins qu'ils recueilleront de leurs Vignes situées dans le Territoire de Castillon, & qu'ils en feront sortir pour les transporter dans ladite Ville de Libourne, lieu de leur domicile.

Du 4 Novembre 1738.

* Arrest du Conseil, qui déboute le sieur Jean Liegard, Marchand Mercier à Paris, de ses demandes ; & ordonne que les Droits d'entrée sur les bouchons de Liége, demeureront fixés à cinq livres du cent pésant, comme ouvrages de Liége, non-compris au Tarif de 1664.

Du 11 Novembre 1738.

* Arrest du Conseil, qui casse une Sentence de l'Election de Paris du 18 Octobre 1738. qui avoit condamné Nicolas Desboves, Adjudicataire général des Fermes, à restituer à Joseph Limosin, Maître Vitrier à Paris, la somme de 790 liv. 6 sols, qu'il prétendoit avoir été exigée de trop par le Receveur du Bureau de Sainte Menehout, pour l'entrée de cinq Caisses de Verres blancs en table, chargées à Metz le 23 Décembre 1732. Fait défenses auxdits Elus de rendre à l'avenir de pareilles Sentences, à peine de tous dépens, dommages & intérêts envers

le Fermier; & ordonne que les Verres blancs en table continueront de payer les Droits d'entrée dans le Royaume sur le pied de 30 liv. du cent pésant, conformément aux Arrests du Conseil des 29 May 1688. & 7 Septembre 1727.

Du 11 *Novembre* 1738.

Arrest du Conseil, qui en casse un de la Cour des Aydes & Finances de Montauban du 10 Septembre précédent, en ce que par icelui ladite Cour ordonne, que faute d'enregistrement du Bail de Jacques Forceville, Adjudicataire des Fermes générales unies & de celle du Tabac, dans le courant du mois de Novembre suivant, ledit Forceville ne pourra exploiter lesdites Fermes; avec défense aux Employés de faire aucunes fonctions, à peine de faux, & aux Officiers des Justices inférieures de reconnoître ledit Forceville en qualité d'Adjudicataire desdites Fermes, & d'avoir égard aux Procès verbaux desdits Commis & Employés; & ordonne que l'Arrest du Conseil du premier Juillet 1738. pour la prise de possession du Bail des Fermes générales unies, sous le nom dudit Forceville, pendant six années, à commencer du premier Octobre 1738. soit exécuté selon sa forme & teneur.

Du 11 *Novembre* 1738.

Arrest du Conseil, qui évoque & renvoye pardevant le Sieur Regnier, Prévost Général de la Maréchaussée de Caën, les Procedures qui pourroient avoir été commencées devant les Juges de Cherbourg, pour raison des rébellion & violences faites aux Employés de la Brigade dudit Cherbourg, lors de la saisie par eux faite de faux Tabac, sur le nommé Mathieu André, dit Sans-Quartier, Soldat du Régiment de Perigord, pour être le Procès instruit avec l'Assesseur, & jugé Prévostalement & en dernier ressort par ledit Prevost, conjointement avec le nombre de Gradués requis par l'Ordonnance, aux Complices des faits mentionnés aux Procès-verbaux desdits Employés du 28 Octobre 1738. & ordonne que les charges, informations & autres Procedures qui pourroient avoir été faites en quelque Jurisdiction que ce soit, seront incessamment remises au Greffe de ladite Commission.

Du 18 Novembre 1738.

* Traité de Paix, entre le Roy, l'Empereur & l'Empire, conclu à Vienne, en exécution duquel les Duchés de Lorraine & de Bar ont été cédés & réünis à la France.

Du 25 Novembre 1738.

Arrest de la Cour des Aydes, qui proroge jusqu'au 15 Décembre 1738. le délai accordé par celui de ladite Cour du 5 Septembre précedent à Jacques Forceville, Adjudicataire des Fermes générales, pour l'enregistrement de son Bail, & l'autorise à faire la Régie desdites Fermes & perception des Droits en dépendans.

Du 25 Novembre 1738.

Arrest du Conseil, portant qu'il sera construit dans la dépendance du lieu de Saint-Palais, situé à l'embouchure de la Riviere de Gironde, sur un Terrain & Emplacement convenable, un Logement pour la Brigade des Fermes qui y est établie; duquel Terrain Jacques Forceville, Adjudicataire des Fermes générales, payera la valeur au Propriétaire, suivant l'estimation qui en sera faite par Experts nommés d'Office, par le Sieur Barentin, Intendant & Commissaire départi en la Généralité de la Rochelle.

Du 25 Novembre 1738.

* Arrest du Conseil, qui ordonne, que jusqu'au dernier Décembre 1739. les Bœufs, Vaches, Moutons, Brebis, Agneaux, Boucs, Chévres & Chévrotins, qui viendront des Pays étrangers dans le Royaume, seront & demeureront déchargés de tous Droits, tant des Cinq grosses Fermes, qu'autres dépendans de la Ferme générale, qui se payent aux Entrées des Provinces, Frontieres; & que lesdits Bestiaux, ensemble ceux qui

auront été, élevés & nourris dans le Royaume, seront & demeureront déchargés pendant ledit temps, des Droits d'Entrées & de sorties, tant des Cinq grosses Fermes, qu'autres dépendans de la Ferme Générale, a leur passage des Provinces reputées Etrangeres, dans celles des Cinq grosses Fermes, ou desdites Provinces des Cinq grosses Fermes, dans celles reputées Etrangeres, aux Entrées & sorties desquelles il est dû des Droits aux Fermes Générales; défend à tous Particuliers, de quelque qualité & condition qu'ils soient, de faire sortir du Royaume aucuns Bestiaux de toutes espéces, à peine deconfiscation, de 3000 liv. d'amende & autres peines portées par les Arrests du Conseil des 16 Juin 1711. 15 Mars 1712. 19 Janvier 1715. 30 Avril 1716. & 17 Juin 1717. à l'exception seulement des Bestiaux du Pays de Gex, dont la sortie est permise par Arrest du 4 Janvier 1718. des Bœufs & Vaches qui pourront passer de la Flandre Françoise dans les Châtellenies d'Ypres, Furnes & Furnembac, en payant les Droits du Tarif de 1671. conformément à l'Arrest du 5 Septembre 1713. & des Bestiaux des Généralités de Montauban & d'Auch, qui pourront continuer d'être commercées sur la frontiere d'Espagne, en payant les Droits ordinaires, conformément à l'Arrest du 24 Juillet 1717. à condition de passer par les Bureaux y désignez.

Du 25 Novembre 1738.

Arrest du Conseil, qui par grace, & sans tirer à conséquence, ordonne que les Vins & les Eaux-de-Vie de la Province de Languedoc, qui seront portés dans les Pays étrangers, par les Ports de Cette, d'Agde, de la Nouvelle & d'Ayguemorte, jouiront de l'exemption du tiers des Droits de sortie, & du tiers des Droits de fret pendant l'année 1739.

Du 25 Novembre 1738.

Arrest du Conseil, qui en casse un de la Cour des Aydes de Montpellier du 10 Octobre 1737. pour avoir annullé un Procès-verbal de saisie domicilaire, d'un quarteron de faux Sel, trouvé dans la Maison du nommé Pierre la Font, Laboureur au Hameau du Masage de Mauriez, Paroisse de Varenne, Consulat de Verlhac, par les Employés des Fermes de la Brigade de Beauvaix, le 26 Janvier 1736. sous prétexte que les Employés ne s'étoient point fait accompagner du Consul, dont ils étoient éloignés d'environ un quart de lieuë; mais seulement de deux voisins dudit Lafont, & condamne ledit Lafont en l'amende portée par l'Ordonnance de 1680.

Nota. Cet Arrest juge, que lorsque les Employés ont avis qu'il y a du faux Sel dans un lieu où il n'y a point de Consul, ils peuvent entrer chez les Domiciliers dudit lieu, sans être accompagnés du Consul, pourvû qu'ils soient accompagnés de deux Habitans du même endroit

Du 25 Novembre 1738.

Arrest du Conseil, qui ordonne qu'à la premiere requisition du Fermier, le sieur Vi-comte Danisy, sera tenu de faire rétablir à ses frais la Barriere qui avoit été construite sur la Riviere d'Ingon en Picardie, qu'il a fait rompre & détruire, & de la remettre au même état où elle étoit avant de la faire briser, à peine d'y être contraint par toutes voyes dûes & raisonnables comme pour deniers Royaux, sauf à lui à se pourvoir pardevers le Roi pour l'indemnité qu'il peut prétendre contre l'Adjudicataire de ses Fermes.

Du premier Décembre 1738.

* Ordonnance du Roi, portant Reglement pour le payement des Troupes de Sa Majesté, contenant neuf articles, par le dernier desquels il est défendu aux Officiers, Gardes du Corps, Gendarmes, Chevaux-Legers, Mousquetaires, Cavaliers, Carabiniers, Hussards, Dragons & Soldats de prendre aucun sel dans les Pays Etrangers, ou dans ceux de l'obéissance de Sa Majesté où la Gabelle n'est point établie, ni de se charger d'aucun Tabac pour le transporter, vendre ou débiter en telle maniere que ce puisse être, & à quelque personne que ce soit dans les Provinces du Royaume, à peine aux Chefs & Commandans de répondre sur les payes à eux ordonnées, & sur leurs biens,

des dommages qui seroient faits à la Ferme generale des Gabelles & du Tabac, par ceux étant sous leur charge; & aux Gardes, Gendarmes, Cavaliers, Carabiniers, Hussards, Dragons & Soldats, d'être punis suivant la rigueur des Ordonnances contre les Fauxsauniers.

Du premier Décembre 1738.

Arrest de la Cour des Aydes de Provence, qui ordonne que les Bureaux des Fermes seront ouverts depuis six heures du matin jusqu'à midi, & depuis deux heures jusqu'à six heures du soir, pendant les mois d'Octobre, Novembre, Decembre, Janvier, Fevrier & Mars, & pendant les mois d'Avril, Mai, Juin, Juillet, Aoust & Septembre, depuis quatre heures du matin jusqu'à midi, & depuis deux heures jusqu'à huit heures du soir, passé lequel tems les Voituriers ou autres ne pourront s'y présenter, & permet en cas de contravention aux Employés du Fermier, de saisir les Charrettes, Mulets, Chevaux & autres Voitures, ensemble les Marchandises dont ils seront chargés, & d'en poursuivre la confiscation devant les Juges des Fermes.

Du premier Décembre 1738.

Arrest du Conseil, qui confisque vingt-une Pieces de Flanelles, contenant ensemble mille trente-quatre aulnes saisies par le sieur Hardouin Inspecteur des Manufactures au Bureau general de la Douanne de Paris, le 20 Octobre 1738. pour avoir été reconnues être de Laine & de Fabrique d'Angleterre prohibées par l'Arrest du Conseil du 6 Septembre 1701. & ordonne que lesdites vingt-unes piéces de Flanelle soient remises aux Cautions de l'Adjudicataire des Fermes générales-unies, pour être vendues à son profit, à la charge d'être renvoyées à l'Etranger.

Du 2 Décembre 1738.

* Arrest du Conseil, qui casse une Sentence de l'Election de Saint Quentin du 30 Juillet 1738. par laquelle un Procès-verbal a été annullé & un Contrebandier mis en liberté, sous pré-

texte que l'Acte contenant le Procès-verbal de saisie & l'assignation, étoit sur du Papier timbré d'une autre Généralité, que celle dans laquelle il avoit été rédigé, & que l'assignation s'est trouvée datée d'un jour de Dimanche : confisque le Tabac & le Cheval saisis sur le nommé de Chaulnes, & le condamne en l'amende de mille livres.

Du 2 Décembre 1738.

Arrest du Conseil, qui ordonne que celui du 22 Mars 1692. sera exécuté selon sa forme & teneur ; en conséquence casse & annulle une Sentence des Juges des Traittes de Dijon du 16 Septembre 1738, & tout ce qui s'en est ensuivi ; confisque cent quinze aunes de Toille, chargées sur le Carosse de Besançon, à l'adresse du sieur Tirant Marchand à Dijon, saisies par le Procès-verbal des Commis du Bureau d'Auxonne, du 14 Aoust précédent, pour avoir été reconnues être de fabrique étrangere, tant par leurs marques & numero, que par leur qualité, dont l'entrée, suivant ledit Arrest n'est permise par terre, que par le Bureau de Lyon, & par mer par celui de Rouen, desquelles cent quinze aunes de Toilles, lesdits Juges des Traittes avoient ordonné la main levée ; condamne ledit sieur Tirant en 3000 liv. d'amende, & ordonne que ledit Arrest sera enregistré sans frais au Greffe de la Jurisdiction des Traittes de Dijon.

Du 3 Decembre 1738.

Arrest du Conseil, qui subroge le sieur Levet au feu sieur Colleau Lieutenant Criminel au Bailliage & Siége Présidial de Melun pour l'exécution des Arrests du Conseil des 31 Mars & 21 Juillet 1733. 16 Mars & 15 Juin 1734. 30 Aoust 1735. 25 Septembre & 16 Octobre 1736. 22 Janvier, 26 Fevrier, 2 & 16 Avril, 8 Octobre & 26 Novembre 1737. 11 Fevrier, 13 Mai, 10 Juin & premier Juillet 1738. concernant la Commission établie à Valence, circonstances & dépendances suivant les derniers errémens ; Et conformément aux dispositions contenues esdits Arrests, attribue à cet effet audit sieur Levet, toute Cour, Jurisdiction & connoissance de toutes les affaires criminelles dans l'étendue des Provinces de Dauphiné, Lyonnois, Duché & Comté de Bourgogne, Provence, Languedoc & Auvergne pour raison de l'introduction à port d'armes & débit des Marchandises prohibées & du Tabac, ensemble l'instruction & jugement des Procès à faire tant aux Auteurs & complices des violences qui pourroient être commises contre les Commis des Fermes, qu'aux Fauteurs desdites Contrebandes, circonstances & dépendances, ainsi & de la même maniere qu'elles avoient été attribuées audit feu sieur Colleau par lesdits Arrests, &c.

Du 8 *Decembre* 1738.

Arrest du Conseil, qui accorde annuellement au sieur Fosse, Inspecteur Général des Manufactures, une somme de 1000 livres sur le produit de l'octroi des Marchands de la Ville de Rouen, laquelle lui sera payée de la même maniere que ses appointemens, en conséquence de l'Arrest du Conseil du 16 Janvier 1731. & ce pour le mettre en état d'avoir un Commis qui puisse lui aider à remplir les fonctions de son emploi, laquelle somme de 1000 liv. sera allouée sans difficulté dans les comptes du Receveur ou Trésorier dudit Octroy.

Du 8 *Decembre* 1738.

Arrest du Conseil, qui ordonne l'exécution de celui du 6 Septembre 1701. confisque cinq piéces ou coupons de Droguets d'Angleterre, saisis sur le sieur Hector-Benoît de la Roque ancien Garde & Marchand Drapier de Rouen, mentionnés dans le Procès-verbal du sieut Jacques-François de Boisroger, Inspecteur des Manufactures du Royaume du premier Décembre 1738. ordonne que lesdites cinq piéces ou coupons de Droguets, seront remis aux cautions de Jacques Forceville adjudicataire des Fermes générales unies pour être vendues à sa poursuite & diligence, à la charge d'être renvoyés à l'Etranger après avoir été marqués du plomb de l'Inspection de la Douanne, & le prix en être distribué moitié au profit dudit adjudicataire, l'autre moitié au profit de l'Hôpital général de Rouen, & condamne ledit sieur de la Roque en 3000 liv. d'amende applicable comme dessus,

dessus, au payement de laquelle somme il sera contraint par toutes voyes même par corps.

Du 8 *Decembre* 1738.

Arrest du Conseil, qui permet au sieur Nicolas-Pierre Colleau, fils du sieur Jean-Pierre Colleau, Lieutenant Criminel de Melun, de faire les fonctions d'Assesseur dans la Commission établie à Valence, & pour laquelle le sieur Levet a été subrogé audit feu sieur Colleau, lorsque ledit sieur Colleau sera commis à cet effet par ledit sieur Levet, & dispense ledit Sr Colleau de l'âge requis par les Ordonnances, &c.

Du 8 *Decembre* 1738.

* Lettres Patentes, *registrées au Parlement de Rouen le* 15 *Janvier* 1739. qui confirment & autorisent le Reglement du même jour pour les Draps, Serges & autres Etoffes de Laine, ou mêlées de Laine & de fil, qui se fabriquent dans la Generalité de Caën, contenant 90. Articles, par le 80e. desquels il est ordonné que dans chaque Bureau de fabrique & de controlle, il sera tenu par les Gardes-Jurés en Exercice des Fabriquans & des Marchands, un Registre en papier commun non timbré, cotté & paraphé sans frais par le Juge des Manufactures dans lequel lesdits Gardes-Jurés écriront de suite & sans aucun blanc ni interligne, le nombre des Pieces de Draps & autres Etoffes qu'ils auront visitées chaque jour en distinguant la qualité desdits Draps & autres Etoffes, les noms des Fabriquans ou des Marchands qui les auront présentés à la visite, & celles qu'ils auront marquées de celles qu'ils auront saisies à peine de 20 liv. d'amende applicable moitié au Roi & l'autre moitié au profit des Pauvres; Et par le 89e. il est dit que les Juges des Manufactures, ne pourront prendre aucuns droits ni épices pour les jugemens qu'ils rendront, & que le Greffier ne pourra exiger plus de 2 sols par feuille des Sentences qu'il expédiera.

Du 8 *Decembre* 1738.

Arrest du Conseil, qui ordonne l'exécution de ceux des 27 Mars & 29 Avril 1731. & des différens Reglemens concernant la prohibition du commerce & débit des Etoffes & Marchandises des Indes, en conséquence confisque sept piéces d'Etoffes dites Ecorces d'arbres, & onze piéces d'Etoffes de Soye dites Gourgourans & Pequins, saisies sur la Veuve Desnoyers, & le sieur Courtois son associé, mentionnées dans le Procès-verbal du sieur Boisroger Inspecteur ambulant des Manufactures du Royaume, du premier Decembre 1738. lesquelles piéces d'Ecorces d'arbres, Gourgourans, & Pequins, seront remises aux cautions de Jacques Forceville, adjudicataire Général des Fermes unies, pour lesdites piéces d'Etoffes être vendues à sa poursuite & diligence, à la charge d'être renvoyées à l'Etranger après avoir été marquées du plomb de l'Inspection de la Douanne, & le prix en être distribué moitié au profit dudit adjudicataire, & l'autre moitié au profit de l'Hôpital général de Rouen; condamne en outre la Veuve Desnoyers & le sieur Courtois son associé, en 3000 liv. d'amende applicable comme dessus, au payement de laquelle ils seront contraints solidairement par toutes voyes même par corps.

Du 9 Decembre 1738.

Arrest du Conseil, qui casse une Sentence de la Jurisdiction des Traittes de Vannes du 8 Mars précedent, par laquelle il a été fait main-levée d'une saisie de 469 andouilles de Tabac faite par les Employés des Fermes au Port Louis le 11 Janvier 1738. sur le sieur Kanon Capitaine du Navire la Reine Marie de Bordeaux, venant de Leoganne, relâché au Port Louis, confisque ledit Tabac pour ne s'être point trouvé compris dans les Connoissemens, Livres de bord, ni dans l'état de chargement, contre les dispositions portées par l'Article XXVI. des Lettres Patentes du mois d'Avril 1717. & la déclaration du 14 Mars 1722. concernant le commerce des Isles &c.

Du 12 Decembre 1738.

* Arrest du Conseil, qui ordonne qu'à commencer du premier du mois d'Avril 1739. le droit d'Avarie d'Entrée, dont la levée a été ordonnée par l'Arrest du 25 Fevrier 1736. demeurera supprimé dans toutes les Echelles du Levant; que les Marchandises

qui y seront portées de France & des Pays Etrangers, seront déchargées du payement de ladite imposition; fait défenses aux Consuls & Députés de la Nation dans lesdites Echelles, & à tous autres de l'exiger; & que sur les Etats du montant de la perception qui sera faite dudit droit dans les Echelles pendant les six derniers mois 1738. & jusqu'au 31 Mars 1739. il sera rendu par les Echevins & Députés de la Chambre du commerce de Marseille, un compte définitif du produit & de l'emploi de ladite Imposition, lequel sera arrêté par le sieur Icard Inspecteur du commerce du Levant.

Du 13 Decembre 1738.

* Jugement Souverain, rendu par M. Chauvelin Intendant en Picardie, Artois & Boulonnois, portant conversion en la peine des Galeres, de l'amende encourue par les nommés Michel Noël, du Village de Fontaine-lez-Pargny, Georges Bervial natif de Brie, & Pierre Tarlier du Village de Maurepas, faute par eux d'avoir consigné dans le mois de la signification des Sentences des Elûs de Peronne des 25 Fevrier & 22 Avril 1738. chacun la somme de 300 liv. à compte de l'amende de 1000 liv. en laquelle chacun desdits Noël, Bervial & Tarlier, a été condamné pour raison du faux Tabac sur eux saisi, suivant les Procès-verbaux des Employés des Fermes des 17 Janvier, 6 Fevrier & 3 Avril 1738.

Du 15 Decembre 1738.

* Déclaration du Roi, *registrée au Parlement de Provence le 12 Fevrier* 1739. servant de Reglement pour les précautions à prendre à l'occasion des Negres Esclaves des Colonies, qui seront amenés en France, & qui doivent être renvoyés dans lesdites Colonies; contenant 13. Articles.

Du 16 Décembre 1738.

* Arrest du Conseil, qui ordonne l'exécution de celui du 20 Décembre 1729. & en conséquence réitere les défenses faites

par l'Article premier dudit Arrest, aux Habitans des Isles Françoises de l'Amérique, d'emballer autrement qu'à sec & sans les moüiller, les Cotons destinés pour être envoyés en France; leur ordonne, conformément à la disposition de l'Article II. du même Arrest, de mettre leur marque aux deux bouts de chaque Balle de Coton & à un pied de distance de chacun desdits bouts; laquelle marque sera empreinte en huille, & contiendra leur nom, & celui de leur quartier ou demeure; réitere pareillement les défenses faites par l'Article III. du même Arrest, à tous Commissionnaires & autres Habitans desdites Isles de recevoir aucuns Cotons de la Guadeloupe, ou autres Colonies, si les Balles qui les contiendront, ne se trouvent marquées, conformément à la disposition ci-dessus; comme aussi fait iteratives défenses aux Capitaines & Commandans des Bâtimens qu'ils conduiront auxdites Isles, de recevoir, avant leur départ pour revenir en France, aucunes Balles de Coton dans leurs Navires si elles ne sont marquées, conformément à ce qui est prescrit par la disposition de l'Article II. dudit Arrest du Conseil, & ce, sous les peines portées par icelui. Ordonne en outre que les Balles de Coton venant desdites Isles de l'Amérique, dans les Ports de France, seront vûes & visitées à leur arrivée par les Commis des Fermes, pour vérifier si lesdites Balles de Coton sont marquées aux deux bouts d'icelles; & en cas de contravention, qu'elles seront par eux saisies & arrêtées, & que la confiscation en sera par eux poursuivie pardevant les Sieurs Intendans & Commissaires départis dans les Provinces & Généralités du Royaume, dans les Ports desquelles lesdites Balles de Coton arriveront, avec la condamnation aux amendes portées par ledit Arrest, tant contre les Habitans desdites Isles, que contre les Capitaines & Commandans des Bâtimens, sur lesquels se trouveront chargées lesdites Balles de Coton.

Du 16 Décembre 1738.

* Arrest du Conseil, qui permet à la Chambre du Commerce de Levant établie à Marseille, de faire percevoir à son profit le Droit de trente-cinq sols par quintal établi par l'Arrest du 17 Décembre 1737. sur les Huilles de la côte d'Italie, connuë

ſous le nom de la Riviere de Gênes, lorſqu'elles ſeront introduites directement dans les Ports des cinq groſſes Fermes.

Du 23 Décembre 1738.

Arreſt du Conſeil, qui avant faire droit ſur la Requête de Nicolas Desboves, Adjudicataire des Fermes-unies & de celle du Tabac, tendante à ce que les Officiers de l'Election de Langres fuſſent condamnés en 1000 liv. de dommages intérêts envers lui, pour tenir lieu de l'amende de pareille ſomme encourue, par le nommé Daubie, natif de Jonville en Franche-Comté, arrêté en campagne le 20 Juillet 1737. avec 150 liv. de faux Tabac, pour avoir par leſdits Officiers voulu inſtruire à l'extraordinaire, le Procès dudit Daubie, contre les diſpoſitions des Articles VI, VII. & VIII. de la Déclaration du 6 Décembre 1707. & ordonné ſon élargiſſement des Priſons de Langres, pour être conduit à l'Hôpital, ſous prétexte de maladie, à la charge d'être gardé par le Fermier, & être réintégré dans les Priſons après ſa guériſon, lequel s'eſt évadé avant que d'avoir été conduit à l'Hôpital; ordonne que ladite Requête ſera communiquée aux Officiers de ladite Election de Langres, pour leur réponſe vûe & examinée, être par Sa Majeſté ordonné ce qu'il appartiendra.

Du 23 Décembre 1738.

Arreſt du Conſeil, qui évoque une Inſtance pendante au Bureau de l'Hôtel de Ville de Paris, entre les Fermiers des Péages de Poiſſy & de Maiſons, & le nommé Antoine Huas, Voiturier par eau, pour raiſon du payement des Droits de Péages ſur des Tabacs voiturés pour le compte de Jacques Forceville, Adjudicataire des Fermes générales-unies; ordonne que dans un mois les Parties remettront leurs Mémoires & Piéces pardevant M. le Controlleur Général des Finances, pour le tout vû & examiné, être par Sa Majeſté ordonné ce qu'il appartiendra; avec défenſes auxdites Parties de ſe pourvoir ailleurs qu'au Conſeil à peine de nullité, caſſation de Procedures & de tous dépens, dommages & intérêts, &c.

Du 23 Décembre 1738.

Arrest du Conseil, sur un Conflit de Jurisdiction, entre le Parlement & la Cour des Aydes de Bordeaux, à l'occasion des Scellés apposés par le Juge des Fermes & le Lieutenant Général du Sénéchal de Guyenne, dans la Maison & sur les Meubles & effets du sieur d'Estaville, Courtier sans Charge, pour sûreté d'une somme de 53072 liv. 14 s. 10 d. dûe au Fermier, faute de rapport d'acquits à caution, pris par ledit d'Estaville au Bureau des Fermes de ladite Ville; ordonne que le Scellé apposé par le Juge des Fermes sera levé par le Lieutenant Général, & que les contestations au sujet desdits Scellés, seront jugées par ledit Lieutenant Général, sans que celles qui pourront concerner le payement des Droits résultans des acquits à caution ci-dessus énoncés, ou autres Droits des Fermes qui pourroient être dûs par ledit feu sieur d'Estaville, puissent être jugées par d'autres Juges que ceux desdites Fermes.

Du 23 Décembre 1738.

Arrest du Conseil, qui permet au Sr de Vanolles, Intendant de la Province de Franche-Comté, de commettre & subdeleguer un autre Commissaire au lieu & place du Sr Avocat Coste, pour refaire, en exécution de son Jugement du premier Décembre 1738. l'instruction du Procès criminel, commencé contre les nommés André Martin, ci-devant Commis du Sr Nicolas Mauvaiset, Controlleur Général des Fermes au Comté de Bourgogne; Esprit-Ignace Beaussier de Saint Just, Capitaine général des Fermes au Port de Jussey, & Pierre Guiovés, ci-devant Capitaine des mêmes Fermes à Vezoul, à l'occasion d'un complot qu'ils avoient formé, d'assassiner ledit Mauvaiset & des injures & ménaces qu'ils avoient proferées contre lui, dont la connoissance lui est attribuée en dernier ressort, par l'Arrest du Conseil du 19 Aoust 1738. même de nommer en tant que de besoin, un autre Procureur du Roy & un autre Greffier de ladite Commission, au lieu & place du Sr Avocat-Bailly & de Claude-Gabriel Soure dénommés dans ledit Arrest, pour faire les fonctions de Procureur du Roy & de Greffier de la Commission.

Du 23 Décembre 1738.

Arrest du Conseil, qui proroge pour six années, à compter du premier Octobre 1738. la permission ci-devant accordée aux Marchands Drapiers-Manufacturiers de la Ville de Sedan, d'envoyer leurs Draps directement de Sedan ou de Paris en Espagne, Portugal, Italie, Genêve & Flandre Espagnole, en passant au travers du Royaume, sans payer aucuns Droits de sortie, tant des cinq grosses Fermes, que des Provinces reputées étrangeres, en observant toutefois les formalités prescrites par l'Arrest du 29 Mars 1718. qui sera au surplus exécuté selon sa forme & teneur.

Du 30 Décembre 1738.

Arrest du Conseil, qui ordonne l'exécution de celui du premier du même mois, portant confiscation de vingt-une piéces de Flanelle, contenant ensemble mille trente-quatre aunes, saisies par le sieur Hardoüin, Inspecteur des Manufactures à la Doüanne de Paris, qui avoient été envoyées de Lyon dans neuf caisses, à l'adresse des sieurs Abraham & Vallet, Commissionnaires à Paris, conduites par le nommé Julien Dumontet, Voiturier, suivant la Lettre de Voiture par lui prise à Lyon du sieur Dubois, Commissionnaire à Lyon, lesdites caisses marquées C. L. numero un, jusques & compris numero neuf, & un Certificat du Bureau de la Doüanne de ladite Ville de Lyon, portant déclaration l'un & l'autre du poids de 1315 liv. Cytrons & Raisins cuits; lequel sieur Dubois a déclaré que le nommé Servant l'avoit chargé d'envoyer à Paris lesdites neuf caisses, voulant par-là se disculper de la contrebande commise par cet envoy; & condamne lesdits Dubois & Servant solidairement en 3000 liv. d'amende au profit du Fermier.

Du 30 Décembre 1738.

Arrest du Conseil, qui avant faire droit sur la Requête de Jacques Forceville, Adjudicataire des Fermes générales, tendante à ce que les Maire & Echevins de la Ville de Bayonne, fussent tenus de rapporter au Bureau des Fermes du Roy de ladite Ville, deux barriques de Tabac par eux indûement enlevées du Bateau de Bertrand Duplat, pour être procedé à la saisie d'icelles, à la requête dudit Forceville, ou qu'ils fussent responsables de l'amende de 1000 liv. encouruë, pour raison de la fraude & fausse déclaration faite par un inconnu, qui avoit pris le 9 du mois de Décembre 1738. audit Bureau de Bayonne une Billette ou acquit de payement des Droits, sous un nom supposé, pour deux barriques de Sardines, à la destination de Pau en Bearn, & les avoit fait charger tout de suite dans le Bateau dudit Bertrand Duplat, à qui il remit la Billette; & qu'il fût fait défenses auxdits Maire & Echevins de faire de pareilles entreprises, & de s'opposer à l'avenir à la saisie & enlevement des Marchandises que l'on voudroit faire sortir en fraude & sous de fausses déclarations, dans quelque lieu de la Ville où elles soient découvertes & arrêtées par les Commis des Fermes, à peine de répondre en leur propre & privé nom du fait desdites saisies, & de tous dépens, dommages & intérêts envers le Fermier; ordonne que ladite Requête sera communiquée auxdits Maire & Echevins de la Ville de Bayonne, pour y fournir de réponse dans un mois, à compter du jour de la signification qui leur sera faite dudit Arrest, sinon & à faute de ce faire, dans ledit temps & icelui passé, il sera fait droit par Sa Majesté, ainsi qu'il appartiendra.

Du 30 Décembre 1738.

Arrest du Conseil, qui en conformité de ceux des 13 May, 10 Juin & 3 Décembre 1738. par lesquels le sieur Levet a été subrogé au lieu & place du Sr Colleau; ordonne que le Procès sera incessamment fait aux auteurs & complices des assassinats, commis en la personne du nommé Gonthier, Capitaine général des Fermes à Lyon, & en celle du nommé Bouillet, Employé des Fermes dans la même Ville, comme aussi aux particuliers & Employés dans lesdites Fermes, dont il pourroit résulter des preuves ou commencement de preuves dans les Pièces de la Procedure instruite ou à instruire, à l'occasion desdits assassinats, &c.

Du

Du 6 Janvier 1739.

* Ordonnance du Roy, concernant les précautions à prendre sur les frontieres, à l'occasion des Maladies contagieuses, qui se sont répanduës dans une partie de la Hongrie & Provinces voisines, contenant cinq articles.

Du 6 Janvier 1739.

* Arrest du Conseil, qui ordonne que toutes les Draperies & Etoffes de Laines de Manufactures étrangeres prohibées, qui auront été saisies, & dont la confiscation aura été prononcée, seront apportées dans le dépôt général du Bureau de la Douanne de Paris; pour lesdites Draperies & Etoffes de Laines prohibées, être, en présence du sieur Lieutenant général de Police & des Maitres & Gardes des Marchands Drapiers & Merciers, déchirées sur la largeur, & brûlées publiquement, dont du tout il sera dressé Procès-Verbal, sauf à Sa Majesté à pourvoir à la récompense qui pourra être dûë aux Commis qui auront fait lesdites saisies.

Du 10 Janvier 1739.

* Arrest du Conseil, qui ordonne qu'à l'avenir toutes les Laines pellades qui seront portées du Levant en France pour le compte de qui que ce soit, sur quelques Bâtimens qu'elles ayent été chargées, & soit qu'elles ayent été embarquées à Constantinople même, ou dans d'autres Echelles, ou même dans d'autres Ports des Pays étrangers, ne pourront être reçûës en France qu'avec des certificats des Députés de la Nation à Constantinople, lesquels seront enregistrés en la Chancellerie de ladite Echelle, & dûëment legalisés par le sieur Marquis de Villeneufve Ambassadeur de Sa Majesté à la Porte Ottomane, portant que lesdites Laines Pellades procedent des achats en commun & des répartitions faites à Constantinople en conformité des Reglemens qui y sont observés à ce sujet; & ce à peine de confiscation des Laines pellades & de 3000 liv. d'amende contre les contrevenans applicable moitié au profit de la Chambre

du commerce, & l'autre moitié à la Caiſſe nationale de Conſtantinople : Permet néanmoins aux Négocians François réſidans dans les autres Echelles, dans le cas où il pourroit s'y trouver quelques parties de Laines pellades qui n'auroient point été tirées de Conſtantinople ou des environs, & qui ſeroient du crû deſdites Echelles, de les charger pour être envoyées en France, en rapportant un certificat des Conſuls François établis dans les endroits où ils auroient fait l'achat, par lequel il ſoit atteſté que ces Laines pellades ſont du crû du pays, & qu'elles ont été produites & achetées dans le lieu même.

Du 13 Janvier 1739.

Arreſt du Conſeil, qui commet le ſieur de S. Conteſt Intendant & Commiſſaire départi dans la Generalité d'Auch & Pau, pour à la Requeſte de Jacques Forceville adjudicataire général des Fermes unies, inſtruire & juger ſouverainement & en dernier reſſort le Procès aux nommés Joannes-Larre-Pierre d'Ithurbide, François S. Martin, Pierre Haranchipy, Pierre d'Ithurbide Larre, Employés des Fermes & autres Auteurs, Complices, Fauteurs, Participes ou Adhérans de la fraude de Tabac & prévarication dont ils ſont accuſés, circonſtances & dépendances, en apellant avec lui le nombre d'Officiers ou Gradués requis par l'Ordonnance ; évoque & renvoye pardevant ledit ſieur Commiſſaire départi toutes les Procedures qui pourroient avoir été commencées pour raiſon de ce en quelque Juriſdiction que ce ſoit, circonſtances & dépendances pour être le tout par lui jugé ſouverainement & en dernier reſſort privativement à tous autres Juges ; permet audit ſieur de S. Conteſt de ſubdéleguer pour l'inſtruction & pour rendre les Jugemens à l'extraordinaire en appellant le nombre des Gradués requis, & de commettre pour faire les fonctions de Procureur du Roi en ladite Commiſſion tels Officiers ou Gradués qu'il voudra choiſir ; & ordonne que les charges & informations, & autres Procedures, ſi aucunes ont été faites en quelque Juriſdiction que ce ſoit, ſeront remiſes au Greffe de ladite Commiſſion, &c.

Du 13 Janvier 1739.

* Arrest du Conseil, qui permet aux habitans & Armateurs du Port de Grandville, dont les Vaisseaux seront du Port de 80 Tonneaux & au-dessus, de prendre le sel nécessaire pour la salaison de la Moruë séche seulement dans les Ports de Bretagne, à l'exception des Isles de Bouin & de Noirmontier, à la charge par lesdits Armateurs de faire aux Bureaux des Fermes les déclarations & soumissions requises par l'Ordonnance des Gabelles de 1680. & ordonne que les Arrests & Lettres Patentes des trois & quinze Fevrier 1722. & autres concernant la Pêche des Moruës & autres Poissons, soient au surplus exécutés selon leur forme & teneur.

Du 13 Janvier 1739.

Arrest du Conseil, qui ordonne que les Art. I. VI. VII. & VIII. de la Déclaration du 6 Décembre 1707. les Articles II. & XXVI. de celle du premier Août 1721. & celle du premier Mars 1723. seront exécutés selon leur forme & teneur; casse trois Sentences des Elûs de Doullens du 2 Octobre 1738. en ce qu'elles ont converti en Procedures extraordinaires les Instances civilement commencées contre les nommés Pierre Sivé du Village de Remigny, arrêté le 31 Juillet 1738. chargé d'un ballot de Tabac de contrebande pesant 38 livres par les Employés de la Brigade des Fermes établies à Mezerolles; Jacques-Gervais le Jeune dit la Violette, Courrier de la Poste aux Lettres d'Arras à Amiens, arrêté avec 9 livres de faux Tabac le 13 Septembre 1738. par les Employés de la Brigade de Doullens, & Philippes de Lastre de S. Vallery, arrêté avec 9 livres 8 onces de faux Tabac le 16 dudit mois de Septembre par les Employés de la Brigade d'Auxy le Château; ordonne la confiscation desdits Tabacs & autres choses saisies au profit du Fermier; condamne lesdits Pierre Sivé, Jacques Gervais & Philippes de Lastre, chacun en 1000 liv. d'amende & aux dépens, au payement desquelles ils seront contraints par toutes voyes, même par corps; & fait défenses aux Officiers de l'Election de Doullens & à tous autres, d'obliger le Fermier à prendre la voye extraordinaire lorsqu'il ne s'agira point de rébellion, de transport de Tabac avec attrouppement & Port d'armes, & autres affaires criminelles énoncées dans l'Article VIII. de ladite déclaration du 6 Décembre milsept cent sept, &c.

Du 20 Janvier 1739.

Arrest du Conseil, qui confisque deux Courtepointes d'Indienne, trois aulnes & demie d'Etoffe de Laine peinte en rouge & autres couleurs, avec sept aulnes un tiers de Satin des Indes saisies par Procès-verbal du sieur de Pardieu Inspecteur des Manufactures en Poitou, autres Employés, le 11 Décembre 1738. dans une chambre occupée par le sieur Bourgade dans la maison du nommé Poulard Cabaretier à Niord, & condamne ledit sieur Bourgade en 3000 liv. d'amende.

Du 20 Janvier 1739.

Arrest du Conseil, qui commet le sieur Barentin Intendant de la Rochelle, pour conjointement avec les Officiers du Présidial de la Rochelle, ou ceux de la Sénéchaussée de Xaintes, juger pendant deux ans souverainement & en dernier ressort tous les Auteurs des vols nocturnes de sel qui se commettront pendant ledit tems dans les Provinces d'Aunix & Saintonges ainsi que tous les complices desdits vols, circonstances & dépendances, leur attribue à cet effet toute Cour, Jurisdiction & connoissance, & icelle interdit à tous autres Juges pendant ledit tems; permet audit sieur Barentin de subdéleguer pour l'instruction & pour rendre les Jugemens à l'extraordinaire, en appellant le nombre de Gradués requis par l'Ordonnance, & de commettre pour faire les fonctions de Procureur du Roi en ladite Commission, tels Officiers ou Gradués qu'il voudra choisir; Et ordonne en outre que les Charges, Informations & autres Procédures si aucunes ont été faites en quelque Jurisdiction que ce soit, seront remises au Greffe de ladite Commission, &c.

Du 27 Janvier 1739.

* Arrest du Conseil, portant qu'il sera établi à Grandville aux frais des Négocians, un Magasin où les Marchandises & Denrées qui seront déclarées par entrepôts, pour être employés à l'armement & avitaillement des Vaisseaux destinés pour la pêche, seront déposées, à la charge par les Négocians d'observer les formalités prescrites & ordonnées par les Lettres Patentes de 1717. Ordonne au surplus, que les Habitans de Grandville & ceux qui feront des armemens dans ce Port pour la pêche de la Moruë au Banc de Terre-Neuve, Canada & Isle Royale, jouiront de tous les droits, Privileges & Exemptions accordées aux Sujets de Sa Majesté en faveur de la pêche Françoise.

Du 27 Janvier 1739.

* Arrest du Conseil, qui permet aux Habitans Négocians d'Honfleur, dont les Vaisseaux seront du Port de quatre-vingt Tonneaux & au-dessus, de prendre le sel nécessaire pour la salaison de la Moruë dans les Ports de Bretagne à l'exception des Isles de Bouin & de Noirmontier, à la charge par lesdits Négocians de faire aux Bureaux des Fermes les déclarations & soumissions requises par l'Ordonnance des Gabelles de 1680. Ordonne en exécution des Lettres Patentes du mois d'Avril 1717. que les droits de Broüage ne seront perçûs ni sur les Sels qui se tireront de Bretagne destinés pour la salaison de la pêche, ni sur ceux qui seront enlevés à l'avenir de Broüage pour la même destination, lesquels seront exempts desdits droits, sans cependant que l'on puisse répeter les droits qui ont été ci-devant perçûs; Et ordonne au surplus, que les Arrests & Lettres Patentes des 3. & 15 Fevrier 1722. & autres rendus concernant la pêche des Moruës & autres Poissons, soient exécutés selon leur forme & teneur.

Du 27 Janvier 1739.

* Arrest du Conseil, qui permet aux Armateurs du Port de Renneville, faisant le commerce de la pêche de la Moruë,

d'apporter dans ledit Port, les Sels qu'ils iront ou envoyeront prendre au Marais de Broüage pour les salaisons des Moruës de leur pêche, & ceux qu'ils rapporteront en essence au retour de ladite pêche, à la charge par eux d'observer exactement ainsi qu'ils s'y soumettent, les conditions portées par les Arrests du Conseil & Lettres Patentes expediées sur iceux les 12 & 21 Septembre 1721. & 3 & 15 Fevrier 1722. & de se conformer aux dispositions des Articles I. VIII. & X. du Tit. XV. de l'Ordonnance de mil six cent quatre-vingt, aux termes desquels & ainsi qu'il se pratique dans les autres Ports de Normandie, lesdits Sels seront déchargés & mesurés au retour de Broüage ou de la pêche, en la présence du Commis du Fermier, & transportés incessamment dans un Magasin général ou dans les Soles & Magasins particuliers appartenans ausdits Armateurs & à leurs frais, pour y être en dépôt sous trois Chefs qui resteront ès mains du Receveur, du Controlleur du Bureau des Fermes & des Propriétaires, le tout aux peines portées par l'Ordonnance & lesdits Arrests des 12 Septembre 1721. & 3 Fevrier 1722. qui seront au surplus exécutés selon leur forme & teneur; Et conformément à l'Article IV. des Lettres Patentes du mois d'Avril 1717. concernant le commerce des Isles Françoises de l'Amérique, décharge lesdits Armateurs du payement des droits de sortie & autres tels qu'ils puissent être sur les Provisions qu'ils feront embarquer pour l'armement & avitaillement des Vaisseaux destinés seulement pour la pêche de la Moruë au Banc de Terre-Neuve, Isle Royale & en Canada.

Du 27 Janvier 1739.

Arrest du Conseil, qui ordonne l'exécution des différens Arrests, qui ont commis ou subrogé le Sr Levet, Président de la Commission établie à Valence, pour juger les affaires criminelles qui surviendront dans l'étendue des Provinces de Dauphiné, Lyonnois, Duché & Comté de Bourgogne, Provence, Languedoc & Auvergne, pour raison de l'introduction à port d'Armes & débit des Marchandises prohibées & du Tabac; que les Procès qui doivent être faits, tant aux auteurs & complices, des violences commises contre les Commis des Fermes, qu'aux fauteurs desdites contrebandes ; en conséquence évoque & renvoye pardevant ledit Sr Levet, toutes les Procedures criminelles & Instances, concernant le nommé François Thevon du lieu de Bagnolles, prévenu de complicité de l'assassinat commis en 1728. en la personne de quelques Employés de la Brigade du Tabac de Remoulin en Languedoc, comme aussi l'Instance pendante pardevant le Visiteur des Gabelles de Montpellier contre ledit Thevon, pour s'être trouvé le 22 May 1738. dans une bande de Faux-sauniers, conduisans dans un Bateau quatorze sacs de faux Sel.

Du 27 Janvier 1739.

* Arrest du Conseil, qui commet le Sr de Viarme, Intendant & Commissaire départi dans la Province de Bretagne, pour examiner les Procedures qui ont été faites, à l'occasion de différentes saisies faites par les Gardes des Marchands de Rennes, pour raison de contraventions aux Réglemens concernant les Manufactures portées pardevant les Officiers de Police de ladite Ville, & notamment à l'occasion de celles faites sur le nommé Jean Prime, sur la représentation qui lui en sera faite par le Greffier de Police; régler les taxes qui ont dû être faites, conformément à l'Edit du mois d'Aoust 1669. & à l'Art. LVIII. du Réglement du 22 May 1736. & ordonner la restitution des sommes qui se trouveront avoir été induëment taxées & reçuës, tant par lesdits Officiers & leur Greffier, que par les Procureurs, Experts & autres, &c.

Du 27 Janvier 1739.

* Arrest du Conseil, portant Réglement pour les différentes sortes de Papiers qui se fabriquent dans le Royaume, contenant 71. Articles, avec un Tarif des Poids & Formats de chaque espece desdits Papiers.

Du 27 Janvier 1739.

* Arrest du Conseil, qui permet aux Fabriquans de S. Geor-

ges, de Fougeres & des environs, de fabriquer une sorte de Toille, composée en chaîne de vingt-deux portées de quarante fils chacune, faisant huit cens quatre-vingt fils, & de deux tiers d'aune, mesure de Paris, de largeur au sortir du Mestier, à la charge par lesdits Fabriquans de se conformer aux dispositions du Réglement du 22 May 1736. pour les Toilles appellées Nantoises, de Clisson, façon de Clisson, &c. sous les peines y portées.

Du 27 Janvier 1739.

Arrest du Conseil, qui déclare commun avec les Président & Juges des Traittes de la Ville d'Angers, l'Arrest du 11 Septembre 1731. par lequel il est enjoint aux Officiers de l'Hôtel de Ville d'Angers, d'appeller & convoquer à leurs assemblées les Officiers de la Monnoye de ladite Ville; & en conséquence ordonne auxdits Officiers de l'Hôtel de Ville, d'appeller & convoquer aussi auxdites assemblées, les Présidens & Juges des Traittes de ladite Ville, & notamment lorsqu'il sera question de l'Election des Officiers Municipaux, dans lesquelles lesdits Officiers des Traittes auront voix délibérative.

Du 30 Janvier 1739.

* Arrest de la Cour des Aydes de Paris, qui convertit en la peine des Galeres, l'amende de 1000 livres prononcée par les Elûs de Doullens, contre le nommé Pierre la Riviere, dit Malboust Faux-tabatier, faute par lui d'avoir payé ladite amende, dans le tems prescrit par la Déclaration du 6 Décembre 1707.

Du 30 Janvier 1739.

* Délibération pour le partage des captures, confiscations & amendes du Tabac, pendant le Bail de Me. Jacques Forceville, Adjudicataire général des Fermes-unies, contenant 35. Articles.

Du 31 Janvier 1739.

* Sentence de Mr. le Lieutenant Civil, portant défenses à tous

tous Marchands & autres Particuliers, de remettre aux Couriers aucunes Marchandises, or, & argent, ni autres choses, pour quelque occasion que ce soit, ni aux Couriers de s'en charger ni mettre dans leurs Malles, à peine contre ceux qui en chargeront les Couriers, de 300 liv. d'amende, & contre lesdits Couriers de peine corporelle.

Du 3 Fevrier 1739.

Arrest du Conseil, qui ordonne que le Procureur General de la Cour des Aydes de Rouen, envoyera au Conseil les motifs de l'Arrest de ladite Cour du 3 Décembre 1738. par lequel sur l'appel interjetté par Nicolas Desboves adjudicataire des Fermes générales unies, d'une Sentence de l'Election de S. Lo, du 10 Octobre 1738. qui avant de statuer sur la Requeste du Fermier tendante à la conversion de l'amende de 1000 liv. prononcée par une précédente Sentence du 27 Juin contre le nommé Jean Regnault, arrêté par la Brigade ambulante des Fermes à S. Lo, avec 28 carottes de faux Tabac, avoit ordonné que le Fermier justifieroit de l'Ecrou de ce fraudeur & de la signification que les Elûs prétendoient devoir lui avoir été faite, sur lequel appel ladite Cour a accordé Mandement pour faire assigner ledit Regnault, ce qui n'est prescrit par aucun Reglement.

Du 3 Fevrier 1739.

Arrest du Conseil, qui avant faire droit sur la Requeste de Jacques Forceville adjudicataire des Fermes générales unies, tendante à la cassation de l'Information & Procédure commencée devant le Bailly de S. Denis, par le sieur Dardelle Marchand audit S. Denis, contre les Commis aux Aydes de ladite Ville, à l'occasion d'un Procès-verbal de saisie d'une piéce de Perse de quatre aunes trois quarts, faite au domicile dudit sieur Dardelle, par lesdits Commis le 10 Janvier 1739. & à ce que ledit Bailly fût interdit des fonctions de sa Charge, & ledit sieur Dardelle condamné en 1000 liv. d'amende & à tous dépens, dommages & intérêts; ordonne que ladite Requête sera communiquée au Bailly de S. Denis, pour sa réponse vûe & examinée, être par

Sa Majesté ordonné ce qu'il appartiendra, & cependant défend audit Bailly de poursuivre sa Procedure.

Du 10 *Février* 1739.

* Arrest du Conseil, qui ordonne, qu'à l'avenir il sera perçu sur les Bas, Chaussettes, Camisoles, Caleçons, Calottes, Gants, Mitaines & autres ouvrages de bonneterie de fil au tricot, qui auront été fabriqués dans la Province de Bretagne, 20 liv. du cent pésant, indistinctement pour Droits d'entrée des Cinq grosses Fermes, au lieu des Droits portés par l'Arrest du Conseil du 17 Janvier 1708.

Du 11 *Février* 1739.

* Déclaration du Roy, concernant le Recouvrement des Gages intermédiaires, & le payement du montant des abonnemens des Droits de Courtiers-Jaugeurs & d'Inspecteurs aux Boucheries & des Boissons, ceux sur les Huilles & Savons, & ceux de Nouvel-acquêt ou Usage dûs par les Communautés Laïques, au profit de Jacques Forceville.

Du 14 *Février* 1739.

* Arrest du Conseil, portant Réglement pour la fabrication & le commerce des Papiers destinés pour le Levant; contenant 19. articles.

Du 17 *Février* 1739.

Arrest du Conseil, qui évoque & renvoye pardevant le Sieur le Nain, Intendant de la Généralité de Poitiers, la connoissance de l'appel interjetté d'une Sentence rendue le 24 Juillet 1738. par le Siége du dépôt de Châtillon, à l'occasion du meurtre commis en la personne du sieur de la Guichardiere Gentilhomme, par les Employés des Fermes de la Brigade établie à Saint Laurent sur Seurre, qui le soupçonnoient chargé de Marchandise de contrebande, & de ce qui a suivi, pour être sur le tout statué, ainsi qu'il appartiendra par ledit sieur le Nain, conformément à l'Arrest du 19 Aoust 1738.

Du 24 Février 1739.

* Arrest contradictoire du Conseil, qui reçoit le sieur Desandroüin, Marchand Verrier, Partie intervenante en l'Instance pendante au Conseil, entre Nicolas Desboves Fermier Général, & les nommés Elie & Joseph Mercier autres Verriers de Bordeaux, au sujet de la perception du Droit de Comptablie, sur les Bouteilles de gros Verre, dont lesdits Marchands se prétendoient exempts; casse & annulle une Sentence des Juges des Fermes de ladite Ville du 3 Septembre 1723. qui en ordonnant l'exécution des Réglemens, concernant les Priviléges desdits Verriers, enjoignoit au Fermier & à ses Préposés à Bordeaux, d'expédier auxdits Mercier & autres Verriers, les Billets nécessaires pour l'entrée franche de leurs Verreries en ladite Ville; déclare lesdits sieurs Desandroüin, Elie & Joseph Mercier, & tous autres Verriers de Bordeaux sujets aux Droits de Comptablie portés par le Tarif de 1688. & ordonne que les Droits & sommes dûës en conséquence des soumissions faites depuis la susdite Sentence, seront perçûës sur le pied porté par ledit Tarif.

Du 24 Février 1739.

Arrest du Conseil, qui commet le Sieur Barentin, Intendant en la Généralité de la Rochelle, pour instruire & juger en dernier ressort, avec le nombre de Gradués requis par l'Ordonnance, le Procès aux auteurs, complices, fauteurs, participes & adhérans, de l'émotion populaire & assemblée tumultueuse, faite à Rochefort le 10 Décembre 1738. contre les Employés des Fermes, à l'occasion d'une visite & recherche de faux Tabac & de Marchandises de contrebande, dans la Maison du nommé Pelisson Maître d'Equipage, dans laquelle émotion plusieurs desdits Employés ont été grievement blessés.

Du 24 Février 1739.

* Arrest du Conseil, qui fait défenses aux Drapiers drapans, & aux Sergers de la Ville de Beauvais, de fabriquer à l'avenir

des Serges, façon de Tricot, composées de quarante-huit portées, & de demie aune & demi quart de largeur au retour du Foulon, ni aucunes sortes d'Etoffes sous d'autres dénominations que celles comprises dans l'Arrest du 16 Avril 1726. & autres intervenus depuis, concernant la Manufacture de Beauvais, même sous prétexte d'Etoffes nouvellement inventées, sans en avoir obtenu la permission expresse de Sa Majesté, à peine de confiscation desdites Etoffes qui seront coupées de trois aunes en trois aunes, & de 20 liv. d'amende pour chaque piéce.

Du 24 Février 1739.

Arrest du Conseil, qui accorde au sieur Estienne Genet, ses héritiers ou ayans cause, le privilége exclusif d'établir pendant quinze années, dans toutes les Villes du Royaume, à l'exception de la Ville de Marseille, des Métiers à plusieurs Navettes, ou par un seul mouvement propre à fabriquer plusieurs piéces de Ruban à la fois, soit de laine, fil, fleuret, soye ou autres especes, tant en ruban uni qu'en façonné, passemens & galons de toute espece, lui permet d'avoir dans toutes les Villes où il aura des établissemens desdits Métiers, même à Paris des Magasins & Boutiques, pour y vendre & débiter, tant en gros qu'en détail, les Ouvrages de sa Manufacture; avec défenses à toutes personnes, de quelque qualité & condition qu'elles soient, de contrefaire ou imiter en tout ni en partie, lesdits Métiers, sans la permission expresse dudit Genet ou de ses ayans cause, à peine de confiscation desdits Métiers, & de 1500 liv. d'amende applicable, moitié audit sieur Genet, & l'autre moitié à l'Hôpital des lieux.

Nota. Cet Arrest n'accorde aucun Privilége ni exemption des Droits des Fermes.

Du 24 Février 1739.

Arrest du Conseil, qui commet le Sieur Levet, pour instruire & juger diffinitivement & en dernier ressort, le Procès au nommé Etienne-Joseph Leuvat, Marchand de la Ville d'Orgelet, pour contraventions par lui commises aux Réglemens faits pour la vente & distribution du Tabac en Franche-Comté, ainsi qu'aux nommés Petit-Jean, aussi Marchand de Tabac à Orgelet & Martinot son Facteur ou Valet; ensemble aux Marchands de la Franche-Comté, contre lesquels il se trouvera des charges incidemment, dans les Procès qui s'instruisent au Siége de la Commission, ou résultantes des déclarations des Contrebandiers arrêtés ou qui pourront être arrêtés par la suite dans les Provinces où la Commission s'étend, quand même ils ne seroient pas de sa compétence; & à cet effet, évoque & renvoye pardevant ledit Sieur Levet, les Procedures qui pourroient avoir été commencées, ou que l'on commenceroit par la suite, pour raison de ce, en quelque Jurisdiction que ce soit, & lui attribue toute Cour, Jurisdiction & connoissance, privativement à tous autres Juges; ordonne en outre que les charges, informations & autres procedures, si aucunes ont été faites, ou que l'on pourroit faire en quelque Jurisdiction que ce soit, seront remises au Greffe de ladite Commission, à ce faire, tous Greffiers & Dépositaires contraints, quoi faisant déchargés.

Du 3 Mars 1739.

* Arrest du Conseil, qui ordonne, conformément aux Arrests rendus pour le Bail de Domergue & les suivans, que Nicolas Desboves & ses Cautions, ci-devant Fermiers Généraux des Fermes-unies, ne pourront être assignés qu'en leur domicile à Paris, ni traduits ailleurs qu'en la Cour des Aydes de ladite Ville, pour raison desdites Fermes; & déclare nulles toutes assignations qui leur seroient données ailleurs.

Du 3 Mars 1739.

* Arrest du Conseil, qui ordonne, conformément aux Arrests & Lettres Patentes des 4, 11 & 30 Avril 1699. 20 Mars 1708. 14 Aoust 1717. 17 Février 1719. 21 Juin 1721. 9 Novembre 1728. & 11 Novembre 1732. que tous les Exploits de saisies, oppositions ou empêchemens à la délivrance & payement des sommes assignées & employées dans les Etats du Roy, expediés pour la distribution des deniers des remboursemens des

avances des Fermiers, & tous autres rembourſemens, charges & dépenſes, concernant la Régie deſdites Fermes, ſeront viſés & paraphés ſans frais par le ſieur Gaultier, Receveur général du Bail de Forceville, tant celles faites depuis le premier Octobre 1738. que celles qui ſeront faites par la ſuite; déclare nuls tous Exploits de ſaiſies, oppoſitions ou empêchemens qui n'auront point été viſés & paraphés par ledit ſieur Gaultier; ordonne en outre, que ledit Arreſt ſera ſignifié à la Communauté des Huiſſiers & Sergens, tant des Cours ſupérieures que du Châtelet de Paris & autres Juriſdictions, à ce qu'il n'y ſoit contrevenu, à peine contre leſdits Huiſſiers & Sergens d'être reſponſables des événemens en leurs propres & privés noms & de 500 livres d'amende.

Du 3 Mars 1739.

Arreſt du Conſeil, qui approuve l'avance faite par Nicolas Desboves, ci-devant Adjudicataire général des Fermes-unies, de la ſomme de 3855 liv. pour augmentation des réparations faites au Pont de Pontcharra mentionnées au Procès-verbal du ſieur Martin, Ingenieur du 28 Janvier 1738. & au dévis dreſſé en conſéquence; de laquelle ſomme il ſera tenu compte audit Desboves ſur le prix de ſon Bail, en rapportant l'expedition ou copie collationnée dudit Arreſt, le Procès-verbal du 28 Janvier 1738. le Dévis dreſſé en conſéquence, ainſi que les Ordonnances de payement du ſieur de Jonmaron, chargé de faire faire leſdites réparations, la Quittance des Entrepreneurs, & le Procès-verbal de reception deſdits Ouvrages.

Du 3 Mars 1739.

Arreſt du Conſeil, qui commet le Sieur Chauvelin, Intendant en la Généralité d'Amiens, pour juger ſouverainement & en dernier reſſort le Procès aux nommés Claude Lourdel, Mathieu de Vaucher, dit Quint, François Maruë, dit Martyr, Pierre Boulanger, Guillaume de Vauchel, dit Mairie, & autres auteurs & complices de l'aſſaſſinat commis le 5 Février 1739. en la perſonne du nommé Roſlin Employé des Fermes, & de celui commis le 15 dudit mois, en la perſonne du nommé le Févre aussi Employé des Fermes, & autres excès rapportés ès Procès-verbaux des 5, 15, 16 & 17 Février 1739. circonstances & dépendances; évoque & renvoye pardevant ledit Sr. Intendant, les Procedures qui pourroient avoir été commencées pour raison desdits excès & assassinats, en quelque Jurisdiction que ce soit.

Du 3 Mars 1739.

* Arrest du Conseil, qui proroge pour trois années, à compter du premier Avril 1739. la permission ci-devant accordée aux Marchands Drapiers, Manufacturiers de la Ville de Sedan, d'envoyer leurs Draps directement de Sedan ou de Paris en Espagne, Portugal, Italie, Genêve & Flandre Espagnole, en passant au travers du Royaume, sans payer aucuns Droits de sortie, tant des cinq grosses Fermes, que des Provinces reputées étrangeres, en observant les formalités prescrites par l'Arrest du Conseil du 29 Mars 1718. rendu en faveur des Manufactures de ladite Ville de Sedan.

Du 11 Mars 1739.

* Arrest de la Cour des Aydes, qui convertit en la peine des Galeres, pour cinq ans, l'amende de mille livres prononcée par Arrest de ladite Cour du 18 Juillet dernier, contre les nommés Labitoux, & Huard, faux Tabatiers, faute par eux d'avoir payé ladite amende dans le temps prescrit par la déclaration du 6 Décembre 1707.

Du 17 Mars 1739.

Arrest du Conseil, qui approuve, autorise & ratifie la cession faite le 28 Juin 1738. par le sieur Campion au sieur d'Eaubonne, de la Ferme du Tabac, appartenante à la Ville de Cambray, pour être par lui régie sur le même pied, & ainsi qu'il s'est ci-devant pratiqué.

Du 17 Mars 1739.

Arrest du Conseil, qui casse & annulle un Jugement rendu le

22 Decembre 1738. par le sieur Intendant d'Auvergne, en ce qu'en prononçant la confiscation de 3606 aulnes & demi d'indienne saisies dans la Maison de Pierre Maugue dit la Vigne Traiteur à Clermont, par les Employés des Fermes le 5 Novembre 1738. il a déchargé ledit Maugue de l'amende de 3000 liv. par lui encouruë & condamné le Fermier aux dépens, confisque de nouveau lesdits Indiennes, & condamne ledit Maugue en 3000 liv. d'amende & aux dépens.

Du 17 Mars 1739.

* Arrest du Conseil, qui supprime les Droits de Péage prétendus par le sieur Chataignat de Neuvy, sur les Voitures & Bêtes de somme chargées de Vin, Sel & autres Marchandises passant sur le Pont de Pontarion & dans l'étendue des Seigneuries de Pontarion & Subrebeau; lui fait défenses de continuer la perception desdits droits, à peine contre lui de restitution des sommes qui auroient été exigées, d'amende arbitraire au profit de Sa Majesté, & contre les Receveurs desdits droits, d'être poursuivis & punis comme Concussionnaires.

Du 18 Mars 1739.

* Arrest de la Cour des Monnoyes, portant défenses de faire vendre & débiter or & argent faux filé sur Soye, ni aucun ouvrage de cette nature.

Du 21 Mars 1739.

* Arrest de la Cour des Aydes, qui ordonne l'exécution de l'Article IX. de la déclaration du 6 Décembre 1707. Reçoit le Fermier Appellant de deux Sentences renduës en l'Election de Guise les 25 Fevrier & 4 Mars 1739. Lui permet d'intimer sur icelui qui bon lui semblera; Défend de mettre lesdites Sentences à exécution, à peine de nullité, de mille livres d'amende, dépens dommages & intérêts, défend pareillement à tous Greffiers, Huissiers & Geoliers de faire élargir, ni d'élargir les Prisonniers en vertu d'aucun Jugement, quand il leur aura été justifié de l'appel du Fermier dans les 24 heures de la signification des Jugemens, sinon en donnant par les Prisonniers caution de se

représenter

représenter ou de payer les amendes au cas qu'ils y soient condamnés par les Arrests qui interviendront sur les appellations, à peine de répondre en leur propre & privé nom des condamnations qui seront prononcées contre les fraudeurs, & des dommages & intérêts du Fermier; Et ordonne que ledit Arrest sera lû, publié & affiché dans tous les Greffes & Geoles du ressort de la Cour.

Du 24 Mars 1739.

Arrest du Conseil, qui accorde au sieur Claude Bro Lapidaire à Paris, ses héritiers ou ayant cause, le Privilege d'établir seul à Paris pendant l'espace de vingt années exclusivement à toutes autres personnes, une Machine propre à tailler, scier & creuser les Agathes, Cailloux & autres Pierres dures, permet audit sieur Bro de se servir de ladite Machine pendant ledit tems de vingt années, & fait très expresses inhibitions & défenses à toutes personnes de quelque condition qu'elles soient, de contrefaire ou imiter en tout ou en partie ladite Machine, sans la permission expresse dudit sieur Bro ou de ses ayant cause, à peine de confiscation de ladite Machine & de cinq cens livres d'amende au profit dudit sieur Bro.

Nota. Cet Arrest n'accorde aucune Exemption ni Privilege audit sieur Bro, autres que ceux ci-dessus énoncés.

Du 28 Mars 1739.

* Arrest du Conseil d'Estat du Roi, portant Reglement pour le Lestage & Delestage des Vaisseaux François & Etrangers dans la Riviere de Nantes.

Du 31 Mars 1739.

Arrest du Conseil, portant que l'évaluation de la Pipe de Sel venant de Bayonne, sera & demeurera reglée à l'avenir au Bureau de Dax à huit Conques, de la Jauge ordinaire mesure rase, sans que le Fermier soit tenu de passer 21 pour 20. Que le droit de Convoy y sera perçû à raison de 55 f. seulement par Conque, sçavoir, 2 liv. 10 sols pour le Droit principal de 20 liv. par Pipe, conformément à la déclaration du 16 Septembre 1538. & 5 sols pour les 2 sols pour liv. des Contrôleurs des Fermes; que l'Arrest du 22 Avril 1673. & les déclarations des 24 Juillet 1691. 6 Février 1725. & 3 Septembre 1726. en ce qui regarde le droit de Broüage sur le Sel entrant par la Riviere de l'Adour, seront exécutés sur le Sel de Bretagne qui remontera jusqu'à Dax; En conséquence, qu'outre & distinctement du droit de Convoy, il sera perçû au Bureau de Dax sur ledit Sel de Bretagne, à titre de droit de Broüage, 56 sols 8 den. par Pipe mesure de Bordeaux, faisant 7 sols 1 den. par Conque mesure de Dax; comme aussi les 4 sols pour liv. desdits droits de Convoy & de Broüage, aussi long-tems que lesdits 4 sols pour liv. auront lieu. Que les Sels déclarés venir de Saintonge, Poitou & autres lieux où le droit de Broüage se paye à l'enlevement, seront accompagnés à Dax de l'acquit dudit droit, faute de quoi ils seront réputés venir de Bretagne, & comme tels assujettis au droit de Broüage, & que les soumissions qui ont été prises jusqu'à présent au Bureau de Bayonne pour raison du droit de Broüage, seront renduës aux Négocians ausquels Sa Majesté fait pour le passé, en tant que de besoin, don & remise dudit droit.

Du 31 Mars 1739.

* Arrest du Conseil, qui fixe les jours, pendant lesquels doivent se tenir les Bureaux de Fabrique & de Controlle dans la Ville de Beauvais, pour la Visite & la Marque des Etoffes de Draperie, &c. Contenant 7. Articles.

Du 31 Mars 1739.

* Arrest du Conseil, qui casse & annulle les Assignations données au Sieur de Boisroger, Inspecteur-Ambulant des Manufactures, à la requête d'Antoine du Bourg & de Charlotte Courlin, veuve de Jean Couëzel, Marchands à Paris, tendantes à obtenir main-levée des Etoffes sur eux saisies en contravention aux Réglemens des Manufactures, & des dommages intérêts, pour raison desdites saisies prétenduës faites mal à propos, & renvoye pardevant le Sieur Lieutenant Général de Police de Pa-

ris, le Jugement, tant desdites saisies que de celles qui pourroient être faites à l'avenir par les Inspecteurs-Ambulans des Manufactures, sauf l'appel au Conseil.

Du 7 Avril 1739.

* Arrest du Conseil, qui casse une Sentence de l'Election de Langres du 30 Janvier 1739. par laquelle, en prononçant la confiscation de trente-une Carottes de faux Tabac, saisies au domicile de Mathieu Blanc, se disant Marchand de ladite Ville; le décharge de la demande du Fermier, sous prétexte que la Visite faite chez lui n'avoit été autorisée d'aucune permission de Juge, quoique les Employés fussent porteurs de celle des Officiers du Grenier à Sel, motivée pour recherche de faux Sel. Confisque le faux Tabac; condamne le Fraudeur en l'amende de 1000 liv. & aux dépens : interdit aux Officiers de ladite Election, la connoissance des contestations & Procès qui surviendront, pour raison de la Ferme du Tabac, & l'attribuë aux Officiers du Grenier à Sel de la même Ville.

Du 7 Avril 1739.

Arrest du Conseil, qui casse une Sentence de l'Election de Lyon du 16 Janvier 1739, par laquelle la nommée Larrevée, Merciere de ladite Ville, chez laquelle il a été saisi trois livres de Tabac rapé, a été renvoyée de la demande du Fermier, quoiqu'elle n'eût aucune permission de débiter du Tabac, & sans que les Juges ayent donné aucun motif de leur Jugement; confisque le Tabac & la condamne en 1000 liv. d'amende & aux dépens faits en l'Election de Lyon.

Du 7 Avril 1739.

* Arrest du Conseil, qui maintient le Sieur de Fargis, dans la possession & jouissance du Droit de Péage ou Travers sur les Marchandises passant sur la Riviere d'Aisne à Choisy le Bacq : par l'Art. XXXIIIe. duquel le Droit de Péage sur le Sel en Banne, est fixé à cinq deniers le Muid, avec défense de perce-

voir ledit Droit de Péage sur les Bateaux vuides ni sur les Bleds, Grains, Farines, Légumes verds ou secs, le Pastel & le Papier, non plus que sur les Marchandises & Denrées non comprises audit Tarif.

Du 7 Avril 1739.

* Arrest du Conseil, qui maintient le Sieur de Fargis, dans la possession & jouissance du Droit de Péage ou Travers, sur les Marchandises passant sur la Riviere d'Oyse à Compiégne, Généralité de Paris : par le XXXIVe. Art. duquel le Droit de Péage est fixé sur le Sel en Banne à cinq deniers par Muid, avec défense de percevoir ledit Droit sur les Marchandises & Denrées non comprises audit Arrest, non plus que sur les Bleds, Grains, Farines & Légumes verds ou secs, le Pastel, le Papier ni sur les Bateaux vuides.

Du 7 Avril 1739.

* Arrest du Conseil, qui casse une Sentence de l'Election de Langres du 28 Novembre 1738. par laquelle & nonobstant l'appel qui en avoit été interjetté par le Fermier, les Juges ont ordonné, que le nommé Jean Daubie, Habitant de Jonvelle en Franche-Comté, arrêté en campagne, avec un Cheval chargé de 150 liv. de faux Tabac, seroit transporté dans l'Hôpital, à la garde du Fermier, & à la charge de se faire réintégrer dans les Prisons, après la guérison d'une prétendue maladie, à la faveur de laquelle il s'est évadé des Prisons en le conduisant à l'Hôpital ; & condamne les Officiers de l'Election en mille livres de dommages & intérêts envers le Fermier, pour lui tenir lieu de l'amende de pareille somme prononcée contre le Fraudeur, par Arrest de la Cour des Aydes du 20 Décembre 1737.

Du 14 Avril 1739.

* Arrest du Conseil, qui en ordonnant l'exécution de celui du 16 Avril 1726. qui fixe la largeur qu'auront à l'avenir les Etoffes de la Manufacture de Beauvais, exempte de la confiscation celles desdites Etoffes, qui, faute par les Fabriquans de s'être

conformés au Réglement porté par ledit Arrest, se trouvent n'avoir pas les largeurs y énoncées ; à la charge néanmoins par les Marchands & Fabriquans chargés desdites Etoffes irrégulieres, de les représenter pardevant les Juges & Inspecteur de ladite Manufacture, pour y être marquées d'un Plomb, portant d'un côté ces mots, *Marque degrace*, & de l'autre 1739.

Du 19 Avril 1739.

* Arrest du Conseil, qui fixe à dix sols du cent pésant, les Droits de sortie sur les Etoffes, appellées Bayettes, Sempiternes ou Perpetuanes, & Anacostes, fabriquées dans le Royaume, qui seront envoyées à l'Etranger pour quelque destination que ce soit.

Du 21 Avril 1739.

* Arrest du Conseil, qui nomme des Commissaires pour proceder à l'examen & vérification de tous les Titres des droits qui se levent & perçoivent sur les Quais, Ports, Havres, Rades, Rives & Rivages de la Mer, & sur les Rivieres qui y ont leur embouchure, dans toute l'étendue du Royaume ; & y être statué en dernier ressort par lesdits sieurs Commissaires ; Ordonne que dans quatre mois du jour de la publication du présent Arrest, les Propriétaires desdits droits seront tenus de remettre au sieur Thurin Greffier des Commissions du Conseil, les originaux ou copies collationnées & légalisées par les plus prochains Juges des Amirautés des lieux, des Titres & Pancartes en vertu desquels ils perçoivent lesdits droits.

Du 28 Avril 1739.

Arrest du Conseil, qui commet le sieur Bertier de Sauvigny Maître des Requestes, Intendant & Commissaire departi en la Généralité de Moulins, pour au lieu & place du sieur Pallu, proceder à l'exécution de l'Arrest du 24 Juin 1738. & de ceux précédemment rendus pour instruire & juger souverainement & en dernier ressort toutes les affaires criminelles survenues ou qui surviendront dans l'étendue de ladite Généralité, tant à l'occaſion du commerce de Tabac de contrebande, & de l'introduction & débit des Indiennes & autres Marchandiſes prohibées, inſtruire & juger en dernier reſſort le Procès aux Auteurs, Complices, Fauteurs, Participes ou Adhérans deſdites contrebandes, de même qu'à l'occaſion du commerce du faux Sel, lorſque l'attroupement ſera au-deſſus du nombre de cinq avec armes ou ſans armes à pied ou à cheval.

Du 28 Avril 1739.

* Arreſt du Conſeil, qui en interprêtant en tant que de beſoin celui du premier Juillet 1738. pour la priſe de poſſeſſion du Bail des Fermes générales-unies ſous le nom de Jacques Forceville, ordonne que les diſtributeurs de Tabac en quelques lieux qu'ils ſoient établis, ne pourront être aſſujettis ſous quelque prétexte que ce ſoit, à faire enregiſtrer leurs permiſſions de revente aux Greffes d'aucuns Juges, ni à prêter ſur icelles aucun ſerment, en conſéquence caſſe & annulle les Sentences des Officiers de l'Election d'Orléans des 21 Janvier, 14 Fevrier & 18 Mars 1739. tendante à obliger les débitans de Tabac à prêter ſerment, & tout ce qui s'en eſt enſuivi, & fait très-expreſſes inhibitions & défenſes auſdits Officiers & à tous autres de rendre à l'avenir pareilles Sentences.

Du 28 Avril 1739.

Arreſt du Conſeil, qui proroge pour vingt années à commencer au quinze Juillet 1742. en faveur de la Veuve & Héritiers du feu Henri Authés, le Privilege & Etabliſſement de la Manufacture & Fabrication du Fer blanc à Moiſſevaux dans la Haute Alſace, & ce aux charges clauſes & conditions, Privileges & Exemptions portées par les Lettres Patentes du 14 Septembre 1720.

Du 2 Mai 1739.

* Arreſt du Conſeil, concernant les Parcs & Pêcheries ſitués ſur les Greves de l'Amirauté des Sables d'Olonne; qui ordonne la deſtruction de toutes les Ecluſes ou Parcs de pierres; & qui conſerve la faculté d'avoir des Bouchots, aux Seigneurs Evêque

de Luçon & Baron de Champagné, sur les Côtes de leurs Seigneuries.

Du 5 Mai 1739.

Arrest du Conseil, qui commet le sieur le Nain Intendant à Poitiers, pour instruire & juger le Procès aux Auteurs & Complices de la rébellion & voyes de fait exercées à l'encontre des Commis des Fermes le 21 Fevrier 1739. les habitans du Village de la Guirmondiere, Paroisse S. Georges Election des Sables, à l'occasion des visites & recherches de faux Tabac & Marchandises de contrebande entreposés audit Village, &c.

Du 5 Mai 1739.

* Arrest du Conseil, qui permet aux Drapiers Drapans de la Ville de Beauvais, de continuer à fabriquer & faire fabriquer une sorte d'Etoffe appellée Vestipoline, composée en chaine au moins de 42 portées de 28 fils chacune, faisant 1176 fils, passés dans des Rots de demie-aulne un douze & deux pouces de large mesure de Paris, pour avoir ladite largeur de demie-aulne un douze & deux pouces, & 27 aulnes de longueur sur le métier & revenir, au retour du Foulon, & après les derniers apprêts à demie-aulne pleine de large, y compris les Lisieres, dont chacune sera composée de deux fils de Laine de couleur bleuë, tissus comme les autres fils de la chaîne dans une seule brêche, sans qu'il puisse y être employé aucuns fils d'autre couleur, & à 23 aulnes de long même mesure : le tout, à peine de confiscation desdites Etoffes, qui seront coupées de trois aulnes en trois aulnes, & de vingt livres d'amende par chaque contravention. Ordonne au surplus que l'Arrest du Conseil du 16 Avril 1726. & autres intervenus depuis, concernant la Manufacture de Beauvais, seront exécutés selon leur forme & teneur.

Du 5 Mai 1739.

Arrest du Conseil, qui évoque en icelui l'Instance intentée à la Cour des Aydes à la Requeste du sieur Alexandre-Edme le Riche de Chevigné Conseiller au Parlement, contre le sieur Alexandre Jean-Joseph le Riche de la Poupliniere son frere; pour raison de l'intérêt dudit sieur de la Poupliniere dans les Fermes générales.

Du 5 Mai 1739.

Arrest du Conseil, qui casse & annulle un Jugement du Conseil Superieur de l'Isle de Bourbon du 27 Mai 1732. par lequel le Vaisseau le S. Jean l'Evangéliste portant Pavillon Portugais du Port de 250 Tonneaux commandé par Baltazard Rodrigues Brandon, a été confisqué au profit de la Compagnie des Indes en qualité d'Interlopre navigeant sans Passeport ni Commission, fait main-levée audit Brandon dudit Vaisseau & des effets saisis, ordonne qu'ils seront restitués ou la valeur, laquelle sera & demeurera évaluée à la somme de 50000 liv. qui lui sera payée par les Sindics & Directeurs de ladite Compagnie des Indes, avec les interests de ladite somme, à compter du premier Juin 1733. sur le pied du denier 25. jusqu'au jour du payement de ladite somme; qu'il lui sera pareillement payé par ladite Compagnie des Indes 1800 liv. par année, à compter du premier Juin 1733. & qu'il sera en outre payé au nommé Henri Hunton premier Pilote, prenant la qualité de Capitaine en second dudit Vaisseau 1200 liv. par année, à compter aussi du même jour premier Juin 1733.

Du 12 Mai 1739.

Arrest du Conseil, qui commet le sieur Boucher Intendant & Commissaire départi en la Généralité de Bordeaux, pour instruire & juger souverainement & en dernier ressort le Procès aux Auteurs, Complices, Fauteurs, Participes ou Adhérans de l'émeute, violences & voyes de fait mentionnées dans les Procès-verbaux des Employés des Fermes des 23 & 27 Avril précédent contre les Ecoliers de ladite Ville de Bordeaux, qui s'étoient ameutés pour empêcher la visite d'une Corbeille d'osier qui étoit portée par un Particulier accompagné desdits Ecoliers; Permet audit sieur Boucher, de subdéleguer pour l'instruction & pour rendre le Jugement à l'extraordinaire, en appellant le nombre de Gradués requis, & de commettre pour faire les fonctions de Procureur du Roi en ladite Commission, tels Officiers ou Gradués qu'il voudra choisir.

Du

Du 12 *Mai* 1745.

Arrest du Conseil, qui évoque & renvoye pardevant M. Barentin Maître des Requestes & Intendant de la Généralité de la Rochelle, les chefs de contestations concernant les créanciers des nommés Brissaud fils Négociant à S. Jean d'Angely, & Cayoux son Commissionnaire demeurant à la Rochelle, relatifs au Jugement rendu par ledit Sieur Intendant le 23 Janvier précédent, par lequel ils ont été condamnés en différentes peines & amendes, pour raison de la manœuvre par eux pratiquée en simulant un chargement au Port de la Rochelle de 204. grosses Barriques d'Eau-de-Vie sur un prétendu Vaisseau nommé Catherine de Bristol, pourquoi ils ont faussement fabriqué un Connoissement & une Facture, lesdites contestations jugées souverainement & en dernier ressort, pardevant le sieur Intendant avec les Officiers de l'Amirauté de ladite Ville de la Rochelle.

Du 12 *Mai* 1739.

Arrest de la Cour des Aydes de Rouen, qui casse une Sentence des Officiers de l'Election de Caën du 26 Janvier 1739. pour avoir ordonné qu'avant de proceder au Jugement d'une saisie faite en campagne sur le nommé Charles Bazin de la Paroisse de S. Joüen en Auge, de 97 carottes de Tabac de fraude, ledit Tabac seroit représenté à l'Audience. Renvoye les Parties à se pourvoir devant d'autres Juges de ladite Election de Caën que ceux qui en ont connu, & au cas que tous lesdits Elûs en ayent connu, en l'Election de Bayeux, & condamne ledit Bazin aux dépens de la cause d'appel.

Du 12 *Mai* 1739.

Arrest du Conseil, qui casse une Sentence de l'Amirauté de Bayonne du six Octobre 1738. pour avoir annullé un Procès-verbal de saisie faite à Bayonne dans le Batteau du nommé François Robert Passager ou Tillolier, d'une partie de Droguets & Calmandes de Fabrique d'Angleterre, sous prétexte de prétendues formalités non observées dans le Procès-verbal, & en ce que la dite Sentence défend aux Employés des Fermes de faire aucunes ouvertures & visites des marchandises de contrebande qu'ils saisiront dans le ressort de l'Amirauté, qu'en présence du Lieutenant & du Procureur du Roi de ladite Jurisdiction, confisque lesdits Droguets & Calmandes, condamne ledit Robert en 3000 livres d'amende & aux dépens, & fait défenses aux Officiers de ladite Amirauté, de rendre pareilles Sentences.

Du 16 Mai 1739.

* Arrest du Conseil, qui ordonne qu'à compter du premier Juin 1739. jusqu'au dernier Décembre 1740. les Moutons, Brebis & Agneaux, qui viendront des Pays Etrangers dans le Royaume, seront & demeureront déchargés de tous droits, tant des cinq grosses Fermes qu'autres dépendans de la Ferme générale, qui se payent aux Entrées des Provinces Frontieres, & que lesdits Bestiaux ensemble ceux qui auront été élevés & nourris dans le Royaume, seront & demeureront déchargés pendant ledit tems des droits d'Entrée & de Sortie, tant des cinq grosses Fermes qu'autres dépendans de la Ferme générale à leurs passages des Provinces réputées Etrangeres dans celles des cinq grosses Fermes ou desdites Provinces des cinq grosses Fermes dans celles réputées Etrangeres, aux Entrées & Sorties desquelles il est dû des droits aux Fermes générales ; défend à tous Particuliers, de quelque qualité & condition qu'ils soient, de faire sortir du Royaume aucuns Bestiaux de toutes especes, à peine de confiscation, de 3000 liv. d'amende & autres peines portées par les Arrests du Conseil des 16 Juin 1711. 15 Mars 1712. 19 Janvier 1715. 30 Avril 1716. & 17 Juin 1717. à l'exception des Bestiaux du Pays de Gex dont la sortie est permise par Arrest du 4 Janvier 1718. des Bœufs & Vaches qui pourront passer de la Flandre Françoise dans les Chastellenies d'Ypres, Furnes & Furnembac, en payant les droits du Tarif de 1671. conformément à l'Arrest du cinq Septembre 1713. & des Bestiaux des Généralités de Montauban & d'Auch, qui pourront continuer d'être commercés sur la Frontiere d'Espagne en payant les droits ordinaires conformément à l'Arrest du 24 Juillet 1717. à condition de passer par les Bureaux y désignés.

Du 18 Mai 1739.

* Ordonnance du Roi, pour établir de nouvelles précautions sur les Frontieres, à l'occasion des maladies contagieuses qui continuent à se répandre en Hongrie & dans les Provinces voisines.

Du 19 Mai 1739.

Arrest du Conseil, qui liquide à la somme de 35000 liv. l'indemnité dûë à Nicolas Desboves adjudicataire des Fermes de Sa Majesté, pour la non-jouissance des droits sur les Huiles de Poisson de la Pêche Françoise arrivées dans le Royaume pendant la sixiéme année de son Bail.

Du 19 Mai 1739.

Arrest du Conseil, qui déboute Joseph Limosin, Marchand Vitrier à Paris, de son opposition à celui du 11 Novembre 1738. par lequel il a été condamné a acquitter les droits d'Entrées des cinq grosses Fermes sur une partie de Verre blanc en Table, à raison de 30 livres du cent pesant, conformément audit Arrest & à ceux des 29 Mai 1688. & 7 Septembre 1727. au lieu que ledit Limosin prétendoit n'acquitter lesdits droits qu'à raison de 12 liv. par Chartée composée de quatre paniers comme Verres à Vitres ordinaires & à Boudine.

Du 26 May 1739.

Arrest du Conseil, qui casse une Sentence du Maître des Ports d'Antibes du 3 Octobre 1736. & un Arrest de la Cour des Aydes de Provence du 28 May 1737. confirmatif d'icelle, pour avoir reçu une inscription de faux après les délais prescrits par les Art. IV, V. & X. de la Déclaration du 25 Mars 1732. Confisque le Tabac saisi sur le nommé Jacques Aubin inscrivant, & le condamne en 1000 liv. d'amende & en tous les dépens.

Du 26 May 1739.

Arrest du Conseil, qui casse une Sentence des Elûs de Saint Lo du 10 Octobre 1738. & un Arrest de la Cour des Aydes de Roüen du 3 Décembre suivant, pour, par lesdits Elûs avoir refusé de prononcer la conversion en la peine des Galeres requise par le Fermier, de l'amende de 1000 liv. prononcée contre le nommé Jean Regnault, sur lequel il avoit été saisi vingt-huit livres de Tabac de contrebande; & ordonné, qu'avant tout, le Fermier justifieroit de l'Ecrou de ce Fraudeur & de la Signification qu'ils prétendoient devoir lui en avoir été faite, quoique cette formalité ne soit prescrite par aucun Réglement, & par ladite Cour accordé Mandement au Fermier, pour faire assigner ledit Regnault, à l'effet de proceder sur l'appel interjetté de l'Ordonnance des Elûs, au lieu de réformer leur Sentence; & commet le Sr de Vattan Intendant de la Généralité de Caën, pour faire droit sur la Requête du Fermier, tendante à ce que ladite conversion soit prononcée par ledit Sr Intendant, en appellant avec lui le nombre d'Officiers ou Gradués requis par l'Ordonnance.

Du 26 May 1739.

* Ordonnance du Roy, concernant la Police qui doit être observée par les Pêcheurs Tillolliers qui font la pêche entre les Ouvrages que Sa Majesté a ordonnés à la Barre de Bayonne; contenant 8. Articles.

Du 26 May 1739.

Arrest du Conseil, qui homologue & confirme une Transaction sous signature privée, passée le 15 May 1739. entre Dame Marie-Anne Pellard de Villequoy, épouse de Mr de Fontanieu Maître des Requestes, Intendant & Commissaire départi en la Province de Dauphiné, & le Sr Desandrouins des Noels, par laquelle Transaction M. de Fontanieu, consent que ledit Sieur Desandrouins des Noels, jouisse d'une Verrerie construite sur la Commune d'Ardinghen dans le Boulonnois, ainsi que de six

Mesures de terre dans ladite Commune, sur lesquelles ladite Verrerie est construite, à la charge par le Sieur Desandrouins de payer annuellement au Seigneur suzerain trois douzaines de Bouteilles & les Droits Seigneuriaux à chaque mutation.

Du 2 Juin 1739.

Arrest du Conseil, qui liquide à la somme de trois cent vingt-un mille neuf cent vingt livres onze deniers, le rembourſement dû à Nicolas Desboves, Adjudicataire des Fermes générales-unies, pour lui tenir lieu des Droits non perçûs sur les Marchandises & Equipages des Ambassadeurs, habillement des Troupes, les Chevaux de remonte, les Munitions, les Vivres de terre & de la Marine, l'Artillerie & autres effets énoncés aux Passeports expédiés par les Ordres de Sa Majesté, pendant la sixiéme année du Bail dudit Desboves, commencée le premier Octobre 1737. & finie le 30 Septembre 1738. pour le montant de laquelle somme de trois cent vingt-un mille neuf cent vingt livres onze deniers; ordonne qu'il sera expédié au profit dudit Desboves, une Ordonnance de comptant sur le Garde du Trésor Royal en exercice, laquelle sera payée audit Desboves en une Quittance comptable, sur & en déduction du prix de son Bail.

Du 2 Juin 1739.

Arrest du Conseil, qui ordonne que par le Sr Chauvelin, Intendant & Commissaire départi en la Généralité d'Amiens, il sera incessamment procedé à l'adjudication, au rabais & moins disant, en la maniere accoutumée, des réparations à faire à la Redoute de Thievres sur la Riviere d'Authie, & à la Vergne qui en soutient les terres, mentionnées au Dévis estimatif d'icelles, du prix desquelles réparations l'Entrepreneur sera payé sur les Ordonnances dudit Sr Intendant, par Jacques Forceville, Adjudicataire des Fermes générales, auquel il en sera tenu compte sur le prix de son Bail.

Du 2 Juin 1739.

Arrest du Conseil, qui ordonne, que par le Sr de Harlay, Conseiller d'Estat, Intendant de la Généralité de Paris, il sera incessamment procedé à l'adjudication, au rabais & moins disant en la maniere accoutumée, des réparations urgentes à faire, aux lieux & bâtimens de la Manufacture des Tapisseries de Beauvais mentionnées au Dévis estimatif d'icelles du 13 Avril 1739. le montant desquelles réparations sera payé à l'Entrepreneur, par Jacques Forceville, Adjudicataire des Fermes générales-unies, auquel il en sera tenu compte sur le prix de son Bail.

Du 10 Juin 1739.

* Ordonnance de Police, qui condamne le sieur Pierre Habert, Marchand Mercier à Paris en cinq cens livres d'amende, & ordonne que les Marchandises prohibées, saisies sur lui, seront brûlées devant la principale Porte du grand Châtelet.

Du 15 Juin 1738.

* Arrest du Conseil, qui ordonne que les Marchands, Négocians & Habitans des Villes & lieux dépendans de l'obéïssance de Sa Majesté en Flandre, & ceux d'Artois, Cambresis & du Haynault François, jouiront de la liberté du Transit pour les Marchandises & Etoffes de leurs Manufactures, & pour les matieres servant à leur fabrication, par les Bureaux d'Amiens, & de Saint Quentin, comme ils en jouissent par celui de Perronne, avec les mêmes exemptions, & sous les mêmes clauses & conditions portées par les Arrests de Réglement pour le Transit desdites Marchandises, & notamment par ceux des 20 Juin 1713. & 31 May 1732. à peine de confiscation desdites Manufactures & Matieres servant à leur fabrication, & de 1000 liv. d'amende.

Du 16 Juin 1739.

Arrest du Conseil, qui ordonne l'exécution de celui du 12

May 1739, évoque & renvoye pardevant le Sieur Barentin Maître des Requestes, Intendant & Commissaire départi en la Généralité de la Rochelle, la connoissance des différens chefs de contestation, d'entre le Receveur général des Domaines & les créanciers des nommés Brissaud & Vignier, condamnés en différentes peines & amendes, par Jugement dudit Sr Intendant du 23 Janvier 1739. à l'occasion d'une manœuvre par eux pratiquée, en simulant un chargement au Port de la Rochelle de 204 grosses Barriques d'Eau-de-Vie sur un prétendu Vaisseau, qualifié la Catherine de Bristol, pour lequel ils ont faussement fabriqué un Connoissement & une Facture, circonstances & dépendances, pour être le tout jugé souverainement & en dernier ressort par ledit Sr Intendant, conjointement avec les Commissaires qui ont rendu le Jugement du 23 Janvier 1739. ou séparément; fait défenses aux Parties de se pourvoir ailleurs que pardevant ledit Sr Intendant, à peine de cassation des procedures, nullité des Jugemens, & de tous dépens, dommages & intérêts.

Du 19 Juin 1739.

* Délibération de Messieurs les Intéressés au Bail de Jacques Forceville, Adjudicataire des Fermes générales-unies, pour autoriser les Receveurs & autres Employés, à payer les frais de la détention actuelle des Faux-sauniers, Faux-tabatiers & Contrebandiers arrêtés pendant le courant du Bail de Nicolas Desboves, & ce à commencer du premier Juillet 1739.

Du 21 Juin 1739.

* Arrest du Conseil, qui casse trois Sentences rendues par les Maire & Echevins de la Ville de Caën le 14 Avril 1739. portant main-levée de sept piéces de Toilles saisies pour s'être trouvées en contravention des Reglemens; déclare lesdites Toilles acquises & confisquées, & condamne lesdits Maire & Echevins à payer la somme de quatre cent livres pour la valeur desdits sept piéces de Toilles, dont ils devoient ordonner la confiscation, & celle de trois cent cinquante livres pour tenir lieu des amendes qu'ils auroient dû prononcer, conformément aux Articles

LIX, LXIV, LXVIII. & LXXX. du Reglement du 14 Janvier 1738. décharge les Gardes-Jurez des Toilliers des dépens ausquels ils ont été condamnés par lesdites Sentences.

Du 23 Juin 1739.

Arrest du Conseil, qui commet M. Boucher, Intendant de la Généralité de Bordeaux, pour instruire & juger souverainement & en dernier ressort, le Procès aux auteuts, complices, fau eurs, participes ou adhérans, de l'enlevement fait d'un Cosfre dans lequel il y avoit deux Robes de Toilles peintes, saisies par les Gardes des Fermes à la Porte des Salinieres de la Ville de Bordeaux, sur un homme & une femme inconnus, lesquels Coffre & Robes ont été enlevés dans le Corps-de-Garde par plusieurs particuliers & particulieres, ainsi qu'il résulte du Procès-verbal des Employés du 3 Juin 1739. & ordonne en outre que les charges, informations & autres procedures, si aucunes ont été faites, en quelque Jurisdiction que ce soit, seront remises au Greffe de la Commission.

Du 23 Juin 1739.

Arrest du Conseil, qui déboute les Officiers de l'Election de Langres de leur opposition, celui du 7 Avril 1739. par lequel en cassant une Sentence de ladite Election du 30 Janvier 1739. la connoissance de toutes les contestations & Procès concernant la Ferme du Tabac leur a été ôtée & attribuée aux Officiers du Grenier à Sel de la même Ville de Langres, pour avoir par ceux de l'Election renvoyé de la demande du Fermier, le nommé Mathieu Blanc, se disant Marchand à Langres, chez lequel il avoit été saisi trente-une Carottes de faux Tabac, sous prétexte que la visite faite chez lui n'avoit été autorisée d'aucune permission de Juge, quoique les Employés fussent porteurs de celle des Officiers du Grenier à Sel, motivée pour recherche de faux Sel.

Du 23 Juin 1739.

Arrest du Conseil, qui déboute les Officiers de l'Election de Langres, de leur demande tendante à être déchargés d'une condamnation

condamnation de mille livres de dommages intérests prononcée contre eux au profit du Fermier par celui du 7 Avril 1739. pour avoir au préjudice de l'appel interjetté d'une Sentence du 26 Novembre 1738. par laquelle ils avoient ordonné que le nommé Jean Daubie habitant de Jonvelle en Franche-Comté, arrêté en campagne avec un cheval chargé de 150 liv. de faux Tabac, seroit transporté à l'Hôpital à la garde du Fermier & la à charge de se faire réintegrer dans la Prison après la guérison d'une prétendue maladie à la faveur de laquelle il s'est évadé des Prisons en le conduisant à l'Hôpital.

Du 23 Juin 1739.

* Arrest du Conseil, qui exempte des droits de sortie des cinq grosses Fermes, les Charbons de terre provenant des Mines de Fins en Bourbonnois, ordonne qu'ils jouiront de la même Exemption que celle accordée par les Arrests du Conseil des 27 Juin 1672. & 12 Septembre 1690. pour les Charbons des Mines d'Auvergne & de Nivernois.

Du 7 Juillet 1739.

Arrest du Conseil, qui ordonne que par les cautions de Jacques Forceville adjudicataire des Fermes générales unies il sera payé au sieur Honoré Scellier Entrepreneur de la Manufacture Royale établie à Seignelay & aux environs, pour la Fabrique des Serges façon de Londres, & autres Etoffes façon d'Angleterre & des Draps forts dits du Nord, &c. la somme de 4564 liv. 10 f. à laquelle a été réduite celle de 6363 l. 10 f. portée par le Procès-verbal d'estimation du 29 Mars 1739. des réparations urgentes faites par augmentation aux Bâtimens de ladite Manufacture, & non comprises dans le devis dressé le 12 Mars 1731.

Du 8 Juillet 1739.

* Arrest de la Cour des Aydes, qui infirme une Sentence de la Jurisdiction des Traittes de Vitry, du 5 Juin 1737. ordonne l'éxécution de l'Article XVI. du Titre VI. de l'Ordonnance de 1687. confisque trois Chars chargés de bois provenant des Forêts du Barrois, ensemble les Chevaux, Bœufs & Equipages servant ausdites Voitures, saisis sur les nommés Content & Mesnier, pour avoir été trouvés roulant dans les quatre lieues des limites de la Ferme, sans être porteurs d'acquits à caution, nonobstant la déclaration des Voituriers, que lesdits Bois provenoient des Forêts de France; Et les condamne en l'amende portée par l'Ordonnance, & aux dépens des causes principale & d'appel.

Du 14 Juillet 1739.

Arrest du Conseil, qui ordonne que par le sieur de Sechelles Intendant & Commissaire départi en la Province du Haynault, il sera incessamment procedé à l'adjudication au rabais, & moins disant en la maniere accoutumée, des réparations à faire aux Bâtimens de la Maison servant de Bureau des Fermes à Marchipon près Valenciennes suivant & conformément aux Articles compris dans le Devis dressé par le sieur Antoine Fournier le 16 Mai 1739. du prix desquels ouvrages les Entrepreneurs seront payés sur les Ordonnances dudit sieur de Sechelles, par Jacques Forceville adjudicataire des Fermes générales, auquel il en sera tenu compte sur le prix de son Bail.

Du 14 Juillet 1739.

* Arrest du Conseil, qui ordonne que les habitans de S. Malo ne payeront pour tous droits sur les Moruës provenant de leur Pêche, & qu'ils feront entrer par les Ports de Normandie, que soixante sols pour le millier de Moruë séche, & quinze sols pour le cent de Moruë verte, au lieu des droits fixés par le Tarif de 1664.

Du 21 Juillet 1739.

Arrest du Conseil, qui y évoque les appellations interjettées par les nommés François Feneaux & Claude Parent, soi-disant Soldat au Régiment des Gardes-Françoises, de deux Sentences du Bailliage de Bar-le-Duc des 20 & 27 Juin précédent, par lesquelles ils ont été condamnés chacun en 1000 liv. d'amende & à la confiscation de 500 liv. de faux Tabac saisi sur Feneaux, & 2721 liv. sur Parent, au profit de Philippes le Mire adjudicataire de la Ferme du Tabac de Lorraine & Barrois, leur enjoint de remettre leurs Requestes & Moyens d'appel dans un mois ès mains du sieur Contrôleur General des Finances, pour leur être fait droit ainsi qu'il appartiendra, & leur fait défenses de se pourvoir ailleurs pour raison desdites appellations, à peine de nullité, cassation de Procedures & de tous dépens, dommages & intérests.

Du 21 Juillet 1739.

Arrest du Conseil, qui commet M. Bignon Maître des Requestes, Intendant & Commissaire départi en la Généralité de Soissons, pour instruire & juger souverainement & en dernier ressort en appellant avec lui le nombre de Gradués requis par l'Ordonnance, le Procès tant au nommé Duhamel Capitaine général, & autres Employés des Fermes aux Postes de Pontavert & Juvincourt, pour raison de la soustraction des Toiles peintes & Etoffes prohibées saisies par lesdits Employés ainsi que des autres spoliations qui peuvent avoir été faites de partie desdites Etoffes circonstances & dépendances, qu'aux sieurs Beaupigny Receveur des Fermes, & Dagneau Président de la Jurisdiction des Traittes de S. Marcel sous Laon, & autres accusés & complices de ladite spoliation, évoque & renvoye pardevant ledit sieur Intendant toutes les Procedures qui pourroient avoir été commencées pour raison de ce en quelque Jurisdiction que ce soit, pour être le tout par lui jugé souverainement & en dernier ressort.

Du 21 Juillet 1739.

Arrest du Conseil, qui commet le sieur le Pelletier de Beaupré, Intendant & Commissaire départi en la Généralité de Châlons, pour instruire & juger souverainement & en dernier ressort le Procès au nommé Jean-Baptiste Mathieu, arrêté en récidive le 3 Mars 1739. avec sept Chevaux chargés de Marchandises de contrebande & de faux Tabac, ainsi qu'à ses complices & participes, circonstances & dépendances, en appellant avec lui le nombre d'Officiers ou Gradués requis par l'Ordonnance, évoque & renvoye pardevant ledit sieur Intendant toutes les Procedures qui pourroient avoir été commencées pour raison de ce en quelque Jurisdiction que ce soit, pour être le tout par lui jugé souverainement & en dernier ressort.

Du 21 Juillet 1739.

* Arrest du Conseil ; & Lettres Patentes *registrées en la Cour des Aydes le 2 Décembre* 1739. portant défenses de faire voiturer ou transporter aucuns Vins, Eaux-de-vie, & autres Marchandises de la Province de Saintonge sur les Ports & Achenaux, des Rivieres de Seudre & Gironde, dans la dépendance des Bureaux où les droits de la Traitte de Charente sont établis, sans au préalable en avoir fait déclaration aux Bureaux d'où dépendront lesdits Ports & Achenaux, & pris des acquits & congés des Commis de l'adjudicataire des Fermes génerales unies, à peine de confiscation desdits Vins, Eaux-de-vie, & autres Marchandises qui seront trouvés sur lesdits Ports ou rencontrés sur la route, & de cinq cens livres d'amende pour chaque contravention.

Du 21 Juillet 1739.

* Arrest du Conseil, portant Reglement pour le commerce & l'interdiction des Plantations, Cultures, Magasins & Entrepôts de Tabac dans les trois lieues de la Frontiere de Franche-Comté Limitrophes des Duchés de Lorraine & de Bar, contenant quatre Articles.

Du 21 Juillet 1739.

Arrest du Conseil, qui permet au sieur Jean-Gabriel Pillon, d'établir en la Ville de Toul une Manufacture de Couvertures de Laines & d'Etoffes de Serge aussi de Laine, sans qu'il puisse être troublé pour quelque cause & raison que ce soit dans l'exploitation de ladite Manufacture, à la charge de se conformer aux Reglemens concernant la Fabrique des Couvertures, & attribue au sieur de Creil Intendant & Commissaire départi en la Généralité de Metz, la connoissance de toutes les contestations qui pourroient survenir pour raison de ladite Manufacture, pour être par lui jugés sauf l'appel au Conseil, icelle connoissance interdisant à toutes ses Cours & autres Juges.

Nota. Cet Arrest n'accorde aucun Privilege ni Exemption de Droits des Fermes.

Du 26 Juillet 1739.

* Arrest du Conseil, qui ordonne la démolition & la reconstruction de la Porte d'entrée de la Halle aux Draps, & du Mur placé au-dessus; permet aux Gardes des Marchands Drapiers & Merciers, d'acquerir le terrain sur lequel étoient ci-devant construites deux Echopes à côté de ladite Porte; & ordonne en outre que le montant du prix, tant de l'acquisition du terrain, que de la démolition, nouvelle reconstruction & bâtimens nécessaires pour le logement d'un Concierge, & le Magasin de deux Pompes sera pris sur le produit des Droits qui se perçoivent à la Halle aux Draps, en vertu des déclarations des 30 Décembre 1704. & 6 Aoust 1715.

Du 26 Juillet 1739.

* Arrest du Conseil, qui permet aux Fabriquans, & Marchands des Burats ou Camelots d'Ambert, & des Paroisses des environs, d'augmenter l'aunage desdits Camelots jusqu'à trente aunes, sans qu'ils puissent excéder ledit aunage; dérogeant, quant à ce seulement, à l'Arrest du Conseil du 26 Décembre 1718. qui fixe la longueur desdits Camelots à vingt aunes.

Du 31 Juillet 1739.

* Arrest de la Cour des Aydes, qui prononce la peine de mort contre Alexis Pochonnet & Charles Chauvin, Gardes des Fermes aux Portes de Falvy, sur la Riviere de Somme, Direction de Saint Quentin, pour avoir été d'intelligence & favorisé le passage de la Somme à plusieurs Contrebandiers, les condamne en cinq cens livres de dommages & intérêts envers le Fermier, condamne pareillement les nommés Louis Dieu, Jacques Toffin & Jacques Prosnier, Contrebandiers arrêtés à Fabry le 17 Février 1738. avec cinq mille deux cens quarante-six livres de Tabac de contrebande, en cinq années de Galeres, & solidairement en l'amende de mille livres & aux dépens.

Aoust 1739.

* Lettres Patentes du Roy, *Registrées au Parlement le 16 Septembre 1739.* qui ordonnent l'exécution des Articles V. & VI. du Titre XVII. de la Coutume de Berry dans toute l'étenduë des lieux régis par ladite Coutume; & en conséquence défendent à tous Fermiers, Métayers, Chepteliers & autres Preneurs de bêtes à laine, à moitié ou autrement, de prendre sur lesdites bêtes aucune laine avant le tems auquel elles doivent être tonduës en entier, à peine contre chacun des contrevenans de 20 liv. d'amende & de 10 f. de dommages & intérêts envers les Propriétaires, pour chaque bête à laine qui auroit été tonduë en contravention; défendent pareillement, sous les mêmes peines, de s'attribuer par préciput aucunes laines, sous le nom d'Ecoüailles, lesquelles seront partagées entre les Preneurs & les Bailleurs, ainsi que les autres laines, à proportion de la part que chacun y doit avoir, & à tous Preneurs de bêtes à laine, à moitié ou autrement, même aux Propriétaires de vendre ou exposer en vente aux Marchés, Foires, & dans les Maisons particulieres aucunes Ecoüailles avant le 10 du mois de Juin de chaque année, à peine d'amende & de confiscation au profit de l'Hôpital le plus voisin, les frais de saisie & exécution préalablement déduits, ainsi que le payement des impositions de ce-

lui à qui lesdites Ecoüailles se trouveront appartenir; ausquelles peines seront sujets les Drapiers, Bonnetiers, Cardeurs & autres Fabriquans, ou Trafiquans en laine, chez qui il sera trouvé des Ecoüailles avant ledit tems, à moins qu'elles ne soient de l'année précedente, ou provenuës des bêtes, dont ils seroient eux-mêmes Propriétaires; & qu'en cas que pour la santé & entretenement des bêtes à laine, il soit ôté de la laine avant le tems ordinaire de la Tonte, les Preneurs ne puissent le faire qu'en le dénonçant au Propriétaire, & de son consentement, à l'effet de partager entr'eux lesdites laines tirées avant ledit tems, le tout sous les mêmes peines que dessus.

Du 11 *Aoust* 1739.

Arrest du Conseil, qui commet M. de Tourny Me. des Requestes, Intendant & Commissaire départi en la Généralité de Limoges, pour instruire & juger souverainement & en dernier ressort, le Procès aux auteurs, complices, fauteurs, participes ou adhérans des émotions populaires, violences & voyes de fait, arrivées les 22 & 23 Juillet 1739. en la Ville d'Angoulême, sous prétexte de recherche de Grains, & d'une pareille émotion arrivée le même jour au lieu de Vœuille, près Angoulême, par quelques Habitans dudit lieu, au nombre d'environ 150. Hommes armés de Sabres, Epées & Bâtons, circonstances & dépendances, en appellant avec lui le nombre d'Officiers ou Gradués requis par l'Ordonnance; & ordonne que les charges, informations & autres procedures, si aucunes ont été faites, en quelque Jurisdiction que ce soit, seront remises au Greffe de ladite Commission.

Du 18 *Aoust* 1739.

Arrest du Conseil, qui commet M. Dodard, Intendant & Commissaire départi en la Généralité de Bourges, pour instruire & juger souverainement & en dernier ressort, le Procès aux auteurs, complices, fauteurs, participes ou adhérans de la rebellion faite aux Employés des Fermes d'Argenton, & mentionnée au Procès-verbal par eux rendu le 29 Décembre 1738. dans la Métairie de Sauvigné, Paroiſſe de Priſſac, ainſi qu'à ceux deſdits Employés qui peuvent être coupables du meurtre commis en la perſonne du nommé Baudat, Métayer dudit lieu de Sauvigné, circonſtances & dépendances, en appellant avec lui le nombre d'Officiers ou Gradués requis par l'Ordonnance, évoque & renvoye pardevant ledit Sr Intendant, les procedures qui peuvent avoir été commencées à ce ſujet, en quelque Juriſdiction que ce ſoit; & ordonne que les charges, informations & procedures ſeront remiſes au Greffe de la Commiſſion.

Du 18 Aouſt 1739.

Arreſt du Conſeil, qui évoque en icelui l'appel interjetté par Jacques Forceville, Adjudicataire des Fermes générales-unies, d'une Sentence de l'Election de Noyon du 29 Juillet 1739. en vertu de laquelle le nommé Claude Damay, arrêté en campagne par les Employés de la Brigade ambulante des Fermes à Brouchy, avec cent-dix livres de faux Tabac de contrebande, a été élargi des Priſons de Noyon, ſous prétexte de prétenduës nullités dans le Procès-verbal deſdits Employés, & le Fermier condamné aux dépens, pour ſur ledit appel, circonſtances & dépendances, être par Sa Majeſté fait droit aux Parties, ainſi qu'il appartiendra, avec défenſes de ſe pourvoir, pour raiſon de ce, ailleurs qu'au Conſeil, à peine de nullité, caſſation de procedures & Jugemens, & de tous dépens, dommages & intérêts.

Du 18 Aouſt 1739.

Arreſt du Conſeil, qui évoque en icelui l'appel interjetté par Jacques Forceville, Adjudicataire des Fermes générales-unies, d'une Sentence renduë en l'Election de Peronne le 24 Juillet 1739. par laquelle en prononçant la confiſcation de 559 liv. de faux Tabac, ſaiſi le 15 Juillet 1739. par les Employés des Fermes de la Brigade ambulante du Grand Rouy, détachée à Salvy, ſur le nommé Louis Corbeau, les Officiers de ladite Election ont ordonné l'élargiſſement dudit Corbeau, des Priſons de Peronne, lui ont accordé main-levée de deux Chevaux ſaiſis ſur lui, & condamné le Fermier aux dépens, ſous prétexte que le Procès-verbal desdits Employés n'avoit été clos que le lendemain du jour qu'il avoit été commencé ; fait défenses aux Parties de se pourvoir ailleurs qu'au Conseil sur ledit appel, circonstances & dépendances, à peine de nullité, cassation de procedures & Jugemens, & de tous dépens, dommages & intérêts.

Du 19 Aoust 1739.

* Lettres Patentes du Roy, *registrées en Parlement le 16 Septembre 1739.* qui autorise le Réglement du même jour, concernant les Toilles qui se fabriquent dans les Villes de Laval, Mayenne, Châteaugontier & aux environs, contenant quatre-vingt-dix-neuf Articles, dont les LIII. & LIVe. ordonnent que les Registres qui seront tenus par les Gardes-Jurés des Fabriquans, dans les Bureaux de Visite & Controlle, pourront être en papier commun non timbré : le LIXe. dispense aussi de tenir en papier timbré le Registre qui doit être déposé au Greffe de la Jurisdiction des Manufactures, pour y enregistrer les noms des Fabriquans & Tisserands, non plus que les Certificats d'enregistremens des noms desdits Fabriquans & Tisserands, qui leur seront délivrés par les Greffiers desdites Jurisdictions : le LXXIe. exempte du timbre les Registres qui seront tenus par les Auneurs-Jurés, pour enregistrer les piéces de Toilles qu'ils auront aunées, & le XCVIII^e^. veut que les Registres qui doivent être tenus par les Greffiers des Jurisdictions des Manufactures, en conformité dudit Réglement, puissent être en papier non timbré.

Du 19 Aoust 1739.

Arrest du Conseil, qui évoque en icelui la connoissance d'une Rixe arrivée le 25 Avril 1739. dans la Paroisse de Montmorency, entre les Employés des Fermes & trois Soldats, dont deux du Régiment des Gardes-Suisses, nommés François Brissac & Saint Jean, & le troisiéme du Régiment des Gardes-Françoises, nommé Abraham Brissac, à l'occasion d'une saisie faite sur lesdits Soldats par lesdits Employés de 300 liv. de faux Tabac & d'un Cheval, & dans laquelle Rixe un desdits Employés a été tué par un Soldat ; défend aux Officiers de l'Election de Paris

& à tous autres Juges d'en connoître, & ordonne que les procedures qui ont été commencées en ladite Election ou ailleurs, à l'occasion de ladite affaire, circonstances & dépendances, seront remises ès mains de M. le Controlleur Général des Finances, pour lesdites procedures par lui vûës & examinées, & sur son Rapport être ordonné ce qu'il appartiendra.

Du 23 Aoust 1739.

* Réglement concernant la recherche des Soldes & produits d'Inventaires des Gens de Mer qui meurent sans tester pendant leurs voyages sur les Bâtimens Marchands; des Effets & Hardes des Passagers qui meurent sur lesdits Bâtimens; & des produits des Bris & Naufrages, revenant aux Invalides de la Marine; contenant cinq Articles.

Du 23 Aoust 1739.

Arrest du Conseil, qui ordonne que les procedures qui ont été ou seront déposées ès mains de M. le Controlleur Général des Finances, en vertu de l'Arrest du Conseil du 19 Aoust 1739, rendu à l'occasion d'une Rixe arrivée le 25 Avril précedent, entre les Employés des Fermes & trois Soldats aux Gardes-Françoises & Suisses, au sujet d'une saisie de 300 liv. de faux Tabac & d'un Cheval, dans laquelle action un des Employés a été tué, seront remises aux Officiers de l'Etat-Major des Gardes-Suisses, pour par iceux le Procès être fait & parfait, sans aucun retardement ni délai aux deux Soldats Suisses; attribuant à cet effet ausdits Officiers toute Jurisdiction & connoissance, icelle interdit à tous autres Juges, & à l'égard du Soldat aux Gardes-Françoises accusé de complicité des mêmes contrebandes & assassinat, ordonne qu'il sera remis aux Officiers de l'Etat-Major des Gardes-Françoises, pour lui être par eux son Procès fait & parfait, conformément à l'Ordonnance Militaire du 20 Avril 1734.

Du 25 Aoust 1739.

Arrest du Conseil, qui déclare commun avec les Marchands

& Négocians de Fescamp & Saint Vallery en Caux, celui rendu le 27 Janvier précedent en faveur des Habitans d'Honfleur; en conséquence permet ausdits Marchands & Négocians de Fescamp & Saint Vallery, dont les Vaisseaux seront du port de 80. Tonneaux & au-dessus, de prendre le Sel nécessaire pour la salaison de la Moruë de leur pêche dans les Ports de Bretagne, à l'exception des Isles de Bouin & de Noirmoutier, à la charge par eux de faire aux Bureaux des Fermes, les déclarations & soumissions requises par l'Ordonnance de 1680. ordonne qu'en exécution des Lettres Patentes du mois d'Avril 1717. les Droits de Brouage ne seront perçûs ni sur les Sels qui se tireront de Bretagne destinés pour la salaison de la pêche, ni sur ceux qui seront enlevés à l'avenir de Brouage pour la même destination, lesquels seront exempts desdits Droits, sans cependant que l'on puisse repéter les Droits qui ont été ci-devant perçûs; & que les Arrests & Lettres Patentes des 3 & 15 Février 1722. & autres rendus concernant la pêche des Moruës & autres Poissons, seront exécutés selon leur forme & teneur.

Du 25 Aoust 1739.

Arrest du Conseil, qui évoque & renvoye pardevant M. de Tourny Maître des Requestes, Intendant & Commissaire départi en la Généralité de Limoges, le Procès commencé par les Officiers de la Sénéchaussée & Siége Présidial d'Angoulême, aux Regratiers & prétendus auteurs de la cherté du Bled dans ladite Ville, circonstances & dépendances, pour être le tout par lui jugé souverainement & en dernier ressort, en appellant avec lui le nombre d'Officiers ou Gradués requis par l'Ordonnance, ordonne que les Procedures commencées pour raison de ce par lesdits Officiers ou en quelque Jurisdiction que ce soit, seront remises au Greffe de la Commission.

Du premier Septembre 1739.

* Arrest du Conseil, qui ordonne que nobstant les dispositions portées par celui du 6 Janvier 1739. auquel il a été dérogé, toutes les Draperies & Etoffes de Laine de Manufactures étrange-

res & prohibées, qui auront été saisies dans le Royaume, & dont la confiscation aura été ordonnée, seront envoyées à l'Etranger, pour y être vendues & le prix en provenant être distribué aux dénonciateurs, Commis saisissans & autres, qui pourront y avoir droit conformément aux Reglemens sur ce rendus.

Du premier Septembre 1739.

Arrest du Conseil, qui ordonne que deux Barriques remplies de Tabac, déclarées pour Sardines par une billette ou acquit de payement de droits, pris le 9 Décembre 1738. au Bureau de la Ville de Bayonne, à la destination de Bertrand Latupy, a Pau & saisies sur le Bateau du nommé Bertrand du Plat, Batelier à Peyrechorade, par les Employés des Fermes du Bureau de Bayonne, lesquels ont été spoliées par les Maire & Echevins de ladite Ville & autres Particuliers, ainsi qu'il résulte du Procès-verbal desdits Employés du 9 Décembre 1738. demeureront acquises & confisquées au profit de Jacques Forceville adjudicataire des Fermes générales, & condamne lesdits Maire & Echevins de les rapporter au Bureau des Fermes de ladite Ville.

Du 7 Septembre 1739.

* Département de Messieurs les Fermiers Généraux, pour le service des Fermes Royales unies, pendant la deuxiéme année du Bail de Me. Jacques Forceville.

Du 8 Septembre 1739.

Arrest du Conseil, qui ordonne que par le sieur le Nain, Intendant & Commissaire départi pour l'exécution des Ordres de S. M. en la Généralité de Poitiers, il sera constaté une Ligne la plus directe que faire ce pourra, depuis le Port de la Claye jusques à la Pommeraye, & de la Pommeraye jusques à Tiffauges, pour former les Limites des droits de la Traitte Charente, avec un état tant des Paroisses qui au moyen de cette Ligne seront dans les quatre lieues des Rivieres du Lay & de la Sevre Nantoises du côté du pays exempt, & qui suivant les Reglemens ne deront jouir du Privilege ou Exemption des droits pour le Sel de leur provision, qu'en prenant des congés & observant les autres formalités prescrites par l'Article XXXII. de la déclaration du 3 Septembre 1726. que des Paroisses sujettes aux droits qui se trouveront dans la méme distance de l'autre côté desd. Rivieres, ensemble un etat des Sallorges ou Magasins de Sel qu'il sera jugé nécessaire de conserver pour la commodité du Public dans lesdites quatre lieues du côté du Pays exempt à l'exclusion de toutes autres, à condition que lesdites Sallorges ne pourront être à moins de distance que d'une lieue des Limites, de tout quoi il sera dressé Procès verbal en présence d'un Préposé de l'adjudicataire des Fermes, pour le tout rapporté avec l'avis du sieur Commissaire départi, être par S. M. ordonné ce qu'il appartiendra, permet audit sieur le Nain, de commettre pour les opérations cidessus, telles personnes qu'il jugera à propos.

Du 8 Septembre 1739.

* Arrest du Conseil, qui renvoye pardevant Messieurs les Commissaires du Conseil pour les affaires des Gabelles, cinq Grosses Fermes, Tailles & autres affaires des Finances, une Instance pendante entre les Fermiers généraux des Fermes-unies de France, & les Sous-Fermiers des Aydes de la Généralité d'Amiens, d'une part; les Etats de la Province d'Artois, d'autre part, & les Seigneurs & habitans des Paroisses de Werton, Brimeux, Merlimont, Grofflier, Saint Aubin, Berk, Waben, Wailly, Lepinoy, la Cense de Beaucamp, Noyelle, & autres Paroisses enclavées de Picardie en Artois & d'Artois en Picardie, pour raison des Privileges & prétentions respectives des Parties.

Du 8 Septembre 1739.

* Arrest du Conseil, qui en interprétant celui du 9 Avril 1739. ordonne que toutes les Etoffes de Laine qui se fabriquent dans le Royaume & particuliérement dans le Languedoc sous la dénomination de Bayettes, Sempiternes, Perpétuannes, Anacostes, Serges, Cadits, Molletons, Cordelats & autres de même qualité qui sortiront du Royaume, soit pour l'Espagne, soit pour

l'Italie, ou pour quelque destination que ce soit, ne payeront que dix sols du cent pesant pour tous droits, à l'exception néanmoins des Draps de toute espece, qui continueront de payer les mêmes droits que par le passé.

Du 15 Septembre 1739.

Arrest du Conseil, qui surseoit à l'exécution de celui du 20 Mai 1738. par lequel il est ordonné que les Capitaines, Maîtres de Navires & Patrons de Barques, seront tenus de fournir dans les 24 heures de leur arrivée & avant le déchargement au Bureau de la basse Ville de Dunkerque, un Manifeste exact de toutes les Marchtndises qui arriveront par Mer dans ladite Ville & Port de Dunkerque, & qu'ils donneront pareillement audit Bureau avant le départ desdits Vaisseaux & Bâtimens, une déclaration par manifeste des Marchandises qu'ils chargeront pour sortir par Mer de ladite Ville & Port de Dunkerque.

Du 15 Septembre 1739.

Arrest du Conseil, qui du consentement des Intéressés au Bail de Jacques Forceville, admet M. Caze le fils dans la Ferme générale sur la démission de M. son pere.

Du 15 Septembre 1739.

Arrest du Conseil, qui ordonne qu'à l'avenir, les Bleds, Grains, Farines & Légumes verds ou secs, seront exempts dans toute l'étendue du Royaume des droits de Péage, Passage, Pontonnage, Travers, Coutumes, & de tous autres droits généralement quelconques, tant par Eau que par Terre, soit que lesdits Droits appartiennent à des Villes & Communautés, ou à des Seigneurs Ecclésiastiques ou Laïques, ou autres personnes sans exception, fait défenses à tous Receveurs, Commis & autres Préposés à la perception desdits droits, d'en exiger aucun sur lesdits Bleds, Grains, Farines & Légumes verds ou secs, nonobstant tous Arrests, Reglemens, Tarifs ou Pancartes à ce contraires, ausquels il est dérogé par ledit Arrest, le tout à peine contre les Receveurs, Commis & autres Préposés à la perception desdits Droits, de restitution du quadruple, même d'être poursuivis extraordinairement comme concussionnaires, & punis comme tels suivant la rigueur des Ordonnances; fait en outre mainlevée pure & simple de toutes les saisies qui pourroient avoir été faites à cette occasion faute de payement de Droits sur lesdits Bleds, Grains, Farines & Légumes verds ou secs.

Du 27 Septembre 1739.

Arrest du Conseil, qui évoque & renvoye pardevant le sieur de Tourny Intendant & Commissaire départi en la Généralité de Limoges, la connoissance de la sédition arrivée dans la Ville de Brives les 4, 5 & 7 Septembre 1739. à l'occasion de l'incendie des Tabacs défectueux qui étoient dans les Magasins du Bureau établi en lad. Ville, dont une partie a été enlevée avec violences & mauvais traitement exercés contre les Employés des Fermes, pour instruire & juger souverainement & en dernier ressort, le Procès aux Auteurs & complices, circonstances & dépendances, en appellant avec lui le nombre de Gradués requis par l'Ordonnance; ordonne que les Charges, Informations & autres Procedures si aucunes ont été faites en quelque Jurisdiction que ce soit, seront remises au Greffe de la Commission.

Du 29 Septembre 1739.

Arrest du Conseil, qui commet le sieur Levet Commissaire du Conseil à Valence, pour instruire & juger souverainement & en dernier ressort, le Procès au nommé Jean Rey, habitant de la Ville de Gourdon en Quercy, arrêté le 2 Septembre 1739. & constitué prisonnier dans les Prisons de Montauban, pour raison du Commerce de Toilles peintes par lui fait en ladite Ville, & à ses complices, fauteurs, participes ou adhérans audit commerce, circonstances & dépendances, en appellant avec lui le nombre de Gradués requis par l'Ordonnance, évoque & renvoye pardevant ledit sieur Levet, les Procedures qui pourroient avoir été commencées à ce sujet en quelque Jurisdiction que ce soit, à l'effet de quoi, ordonne que les charges & informations & autres procedures si aucunes ont été faites, seront incessamment remises au Greffe de la Commission.

Du 29 Septembre 1739.

Arrest du Conseil, qui ordonne que par M. Chauvelin Maître des Requestes, Intendant & Commissaire déparți en Picardie, il sera incessamment procedé à l'adjudication au rabais & moins disant, en la maniere accoutumée, des ouvrages & réparations à faire à la Maison & Bâtiment servant de Bureau des Fermes à Amiens, & mentionnés au devis estimatif du sieur Levenene, Ingénieur des Ponts & Chaussées du 12 Mai 1739. du prix desquels ouvrages & réparations, les Entrepreneurs seront payés sur les Ordonnances dudit sieur Intendant, au fur & à mesure ou après la réception desdits ouvrages par les cautions de Jacques Forceville adjudicataire général des Fermes-unies, dont il leur sera tenu compte sur le prix de leur Bail, en raportant l'expédition ou copie collationnée dudit Arrest, le Devis estimatif, les Procès-verbaux d'adjudication & de réception desdites réparations, les Ordonnances dudit Sr Intendant, avec les quittances des Entrepreneurs sur ce suffisantes.

FIN.

TABLE
DES
EDITS, DECLARATIONS,
ARRESTS ET REGLEMENS,

Rendus pendant la premiere année du Bail de Me JACQUES FORCEVILLE,

Commencée le premier Octobre 1738. & finie le dernier Septembre 1739.

CONCERNANT les Gabelles de France, Lyonnois, Dauphiné, Provence, Languedoc, Rouſſillon, Auvergne, Salines de Moyenvick; Gabelles des Evêchés de Metz, Toul & Verdun; Gabelles & Domaines de Franche-Comté & d'Alſace, & Droits Manuels.

Du 17 Novembre 1737.

RESULTAT du Conſeil, portant Bail des Fermes générales-unies à Jacques Forceville pour ſix années, à commencer du premier Octobre 1738. pour les Gabelles, Cinq groſſes Fermes, Aydes & Droits y joints, & du premier Janvier 1739. pour les Domaines, Con-

trolle des Actes, &c. aux prix, charges, clauses & conditions y contenuës.

Du premier Juillet 1738.

* Arrest du Conseil, pour la prise de possession du Bail des Fermes générales, sous le nom de Jacques Forceville pendant six années, à commencer du premier Octobre 1738. pour les grandes & petites Gabelles; Droits manuels sur les Sels; Gabelles des trois Evêchés; Domaines & Gabelles de Franche-Comté, & Droit de Rehaussement sur le Sel dans ladite Province; Cinq grosses Fermes; Droits sur les Huiles & Savons; Aydes, Entrées de Paris; Impôts & Billots & Formule de Bretagne; Marque d'Or & d'Argent; Marque des Fers; Formule dans les Pays où les Aydes ont cours; Domaine, Barrage & Poids-le-Roy aux Entrées de Paris; Jauge & Courtage; Courtiers-Jaugeurs, Inspecteurs aux Boucheries & Boissons; Droits sur les Suifs a Paris, & pour la Ferme du Tabac; & au premier Janvier 1739. pour les Domaines de France, Controlle des Exploits; Domaines de Flandre, Haynault, Artois, Alsace; Principauté d'Orange & Duché de Châteauroux; Controlle des Actes; Sceaux & Insinuations Laïques; Greffes, Amortissemens, Francs-Fiefs; Formules dans les Provinces où les Aydes n'ont point cours; nouvelle Formule des Notaires de Paris; Droits reservés dans les Cours & Jurisdictions du Royaume; Gages intermédiaires; Domaines d'Occident en France; Droits casuels réünis au Domaine, & autres Droits compris au Bail dudit Forceville; deux & quatre sols pour livre de ceux de tous lesdits Droits qui y sont sujets.

Permet audit Forceville & à ses Soû-Fermiers de se servir des Timbres actuellement en usage.

Dispense les Employés qui ont prêté Serment pendant les précédens Baux & Soû-Fermes, de le prêter de nouveau; leur permet de verbaliser dans le Ressort des Jurisdictions où ils pourront se trouver; défend aux Juges d'annuller leurs Procès-verbaux, sous prétexte que leurs noms ne se trouveroient point inscrits dans un Tableau déposé au Greffe de leur Jurisdiction.

Permet audit Forceville & à ses Soû-Fermiers d'entretenir ou de résilier les Baux à loyer des Maisons & Greniers; en-

semble les Abonnemens, Traités & Marchés qui peuvent avoir été ci-devant faits par les précédens Fermiers & Soû-Fermiers, de partie desdites Fermes & Droits.

Régle les Droits d'Enregistrement du présent Arrest, & ceux de reception & prestation de Serment des Employés; & ordonne que les Réglemens rendus au profit des précédens Fermiers, seront exécutés en faveur dudit Forceville & de ses Soû-Fermiers, comme s'ils avoient été rendus sous leurs noms.

Du 16 Septembre 1738.

* Bail des Fermes Royales unies fait à Jacques Forceville pour six années, à commencer pour les Gabelles; Cinq grosses Fermes; Aydes, Entrées, Tabac, Papier & Parchemin timbrés des Provinces où les Aydes ont cours, & autres Droits y joints, le premier Octobre 1738. & pour les Domaines de France & d'Occident; Controlle des Actes des Notaires; Greffes, Amortissemens; Droits reservés dans les Cours & Jurisdictions, & Droits y joints, le premier Janvier 1739. *Registré où besoin a été.*

Octobre 1738.

* Edit du Roy, *Registré en la Cour des Monnoyes le 5 Novembre* 1738. Portant qu'il sera fabriqué de nouveaux Sols de vingt-quatre deniers; fixe au quarantiéme la quantité desdits Sols qui doivent entrer dans les payemens; défend de mettre aucunes menuës Monnoyes dans les sacs d'Argent, & de mettre plusieurs sortes d'Espéces dans un même sac; ordonne qu'il ne sera fait des sacs que de 1200 liv. de 1002 liv. de 900 liv. & de 600 liv. sauf à être retenu ou rendre le prix des sacs sur les pieds fixés par l'Arrest du Conseil du 27 Janvier 1711.

Octobre 1738.

Lettres Patentes qui réunissent les Offices de Juge-Conservateur des Fermes, d'Avocat-Patrimonial, & de Procureur-Patrimonial de la Ville & Vallée de Barcellonette, aux Offices de Préfet, & des Avocat & Procureur du Roy au Siége de la Préfecture de la même Vallée, pour par ledit Préfet, exercer les fonctions de Juge-Conservateur, ainsi qu'il est réglé par l'Article VII. de la Déclaration du 21 Février 1716. à la charge de l'appel en la Cour des Comptes, Aydes & Finances d'Aix, & par les Avocat & Procureur du Roy audit Siége, exercer celles d'Avocat & Procureur-Patrimonial, suivant les Usages du Royaume.

Du 7 Octobre 1738.

Arrest du Conseil, qui déboute Laurent Certain, ci-devant pourvû de l'Office de Grenetier au Grenier à Sel de Joinville de sa demande, en conséquence ordonne l'exécution de l'état des Officiers reservés dans le Grenier à Sel de Joinville, arrêté le 3 Février 1722. dans lequel le sieur Cousin est Employé comme ancien Officier, & non compris dans l'Edit de suppression de quelques Officiers dans les Greniers à Sel.

Du 21 Octobre 1738.

* Arrest du Conseil, qui supprime les Droits de Péage, par eau & par terre, prétendus, tant par l'Abbé, que par les Syndic & Religieux de l'Abbaye de Notre-Dame de Souillac, sur les Sels passans ou déchargés dans la Ville de Souillac, Généralité de Montauban, & sur les Marchandises, Denrées, Bois & Bestiaux passans dans ladite Ville & Jurisdiction d'icelle; avec défenses de les faire percevoir, à peine contre eux de restitution, & d'une amende arbitraire au profit du Roy, & contre les Fermiers ou Receveurs, d'être poursuivis extraordinairement comme Concussionnaires.

Du 21 Octobre 1738.

* Arrest du Conseil, portant que les Controlleurs des Greniers & Chambres à Sel de la Province de Languedoc, feront leur résidence dans les Villes de leur établissement, & exerceront par eux-mêmes les fonctions desdits Offices, qu'ils demeureront en possession d'une des Clefs des Greniers, & seront tenus de s'y rendre aux heures accoutumées pour l'ou-

verture desdits Greniers & la distribution du Sel, à peine de privation de leurs Droits & d'interdiction.

Du 28 Octobre 1738.

Arrest du Conseil, qui commet le sieur de la Briffe, Intendant du Duché de Bourgogne, pour instruire & juger souverainement le Procès aux nommés Constantin, Ferriol & autres Employés des Fermes générales, convaincus d'avoir détourné & partagé entre eux une Balle de Sel provenant d'une saisie de huit Balles de Sel de Savoye faite en la Province de Bugey, & d'en avoir vendu une partie à leur profit, ainsi qu'il résulte du Procès-verbal dressé en la Ville de Belley par le sieur Monginot Desfarges, Capitaine général en ladite Province de Bugey, assisté des Employés des Brigades des Fermes de Cordon & Nantua.

Du 4 Novembre 1738.

Arrest du Conseil, qui approuve l'Etat arresté le 25 Août 1738. par le sieur Viart de Pimelle, Commissaire général de l'administration & réformation des Bois affectés aux Salines de Salins, en exécution de l'Arrest du Conseil du 10 Juin de la même année, qui adjuge à Jacques Bruant pendant six années, à commencer du premier Janvier 1739. Les Exploitations & Voitures des Bois destinés à la formation des Sels dans lesdites Salines, ledit Etat contenant la quantité de Coupes & Arpens de Bois de Futayes & Taillis qui devront être exploités pendant chacune desdites six années que ledit Bruant doit jouir de son exploitation.

Du 11 Novembre 1738.

Arrest du Conseil, qui en casse un de la Cour des Aydes & Finances de Montauban du 10 Septembre précedent, pour avoir ordonné que faute d'enregistrement du Bail de Jacques Forceville adjudicataire des Fermes générales-unies, & de celle du Tabac dans le courant du mois de Novembre suivant, ledit Forceville ne pourroit exploiter lesdites Fermes, & défendu aux Employés de faire aucunes fonctions, à peine de faux, & aux Officiers des Justices inférieures de reconnoître ledit Forceville en qualité d'adjudicataire desdites Fermes, n'y d'avoir égard aux Procès-verbaux desdits Commis & Employés, ordonne que l'Arrest du Conseil du premier Juillet 1738. pour la prise de possession du Bail des Fermes générales unies sous le nom dudit Forceville, pendant six années, à commencer du premier Octobre dernier, sera exécuté selon sa forme & teneur.

Du 11 Novembre 1738.

Arrest du Conseil, qui interdit le sieur Jean-Baptiste le Seigneur, Controlleur au Grenier à Sel de S. Quentin, & y faisant les fonctions de Procureur du Roi, des fonctions de toutes ses charges.

Du 13 Novembre 1738.

* Lettres Patentes du Roy de Pologne, Duc de Lorraine & de Bar, qui acceptent les offres & propositions de Pierre Dufresne, pour la construction des Bâtimens de graduation dans les Salines de Rozieres & de Dieuze, contenant dix-huit articles, *registrées à la Chambre des Comptes de Lorraine le 22 desdits mois & an*; & Lettres Patentes du Roy Louis XV. du 22 Mars 1740. *Registrées à la Chambre des Comptes de Paris le 22 Février suivant*, qui confirment celles accordées par le Roy de Pologne à Pierre Dufresne & ses cautions, pour la cuite & façon des Sels de Rozieres & de Dieuze en Lorraine.

Du 25 Novembre 1738.

Arrest du Conseil, qui ordonne qu'à la premiere requisition du Fermier, le sieur Vi-comte Danisy, sera tenu de faire rétablir à ses frais, la Barriere qui avoit été construite sur la Riviere d'Ingou en Picardie, qu'il a fait rompre & détruire, & de la remettre au même état où elle étoit avant de la faire briser, à peine d'y être contraint par toutes voyes dûes & raisonnables comme pour deniers Royaux, sauf à lui à se pourvoir pardevers le Roi pour l'indemnité qu'il peut prétendre contre l'Adjudicataire de ses Fermes.

Du 25 Novembre 1738.

Arrest du Conseil, portant qu'il sera construit dans la dépendance du lieu de Saint-Palais, situé à l'embouchure de la Riviere de Gironde, sur un Terrain & Emplacement convenable, un Logement pour la Brigade des Fermes qui y est établie; duquel Terrain Jacques Forceville, Adjudicataire des Fermes générales, payera la valeur au Propriétaire, suivant l'estimation qui en sera faite par Experts nommés d'Office, par le Sieur Barentin, Intendant & Commissaire départi en la Généralité de la Rochelle.

Du premier Décembre 1738.

* Ordonnance du Roi, portant Reglement pour le payement des Troupes de Sa Majesté, contenant neuf articles, par le dernier desquels il est défendu aux Officiers, Gardes du Corps, Gendarmes, Chevaux-Legers, Mousquetaires, Cavaliers, Carabiniers, Hussards, Dragons & Soldats de prendre aucun sel dans les Pays Etrangers, ou dans ceux de l'obéissance de Sa Majesté où la Gabelle n'est point établie, ni de se charger d'aucun Tabac pour le transporter, vendre ou débiter en telle maniere que ce puisse être, & à quelque personne que ce soit dans les Provinces du Royaume, à peine aux Chefs & Commandans de répondre sur les payes à eux ordonnées, & sur leurs biens, des dommages qui seroient faits à la Ferme generale des Gabelles & du Tabac, par ceux étant sous leur charge; & aux Gardes, Gendarmes, Cavaliers, Carabiniers, Hussards, Dragons & Soldats, d'être punis suivant la rigueur des Ordonnances contre les Fauxsauniers.

Du premier Décembre 1738.

Arrest du Conseil, qui renvoye devant le Sieur Viard de Pimelle, subrogé par celui du premier Avril 1738. au lieu & place du feu Sieur Maclot, Commissaire député par les Lettres Patentes du 20 Février 1731. pour la réformation & administration, tant des Forests, situées dans le Comté de Bourgogne & Maîtrises de Salins, que de celles affectées à l'usage des Salines dudit Comté, les Saisies réelles qui pourront être faites à la requête, & poursuite du Procureur de Sa Majesté en ladite réformation & administration des biens des particuliers, qui ont été ou seront condamnés en des amendes pour dégradations & délits commis dans lesdites Forests.

Du 3 Decembre 1738.

Arrest du Conseil, qui subroge le sieur Levet au feu sieur Colleau Lieutenant Criminel au Bailliage & Siége Présidial de Melun pour l'exécution des Arrests du Conseil des 31 Mars & 21 Juillet 1733. 16 Mars & 15 Juin 1734. 30 Aoust 1735. 25 Septembre & 16 Octobre 1736. 22 Janvier, 26 Fevrier, 2 & 16 Avril, 8 Octobre & 26 Novembre 1737. 11 Fevrier, 13 Mai, 10 Juin & premier Juillet 1738. concernant la Commission établie à Valence, circonstances & dépendances suivant les derniers erremens; Et conformément aux dispositions contenues èsdits Arrests, attribue à cet effet audit sieur Levet, toute Cour, Jurisdiction & connoissance de toutes les affaires criminelles dans l'étendue des Provinces de Dauphiné, Lyonnois, Duché & Comté de Bourgogne, Provence, Languedoc & Auvergne pour raison de l'introduction à port d'armes & débit des Marchandises prohibées & du Tabac, ensemble l'instruction & jugement des Procès à faire tant aux Auteurs & complices des violences qui pourroient être commises contre les Commis des Fermes, qu'aux Fauteurs desdites Contrebandes, circonstances & dépendances, ainsi & de la même maniere qu'elles avoient été attribuées audit feu sieur Colleau par lesdits Arrests, &c.

Du 8 Décembre 1738.

Arrest du Conseil, qui permet au sieur Nicolas-Pierre Colleau, fils du sieur Jean-Pierre Colleau, Lieutenant Criminel de Melun, de faire les fonctions d'Assesseur dans la Commission établie à Valence, & pour laquelle le sieur Levet a été subrogé audit feu sieur Colleau, lorsque ledit sieur Colleau sera commis

à

à cet effet par ledit sieur Levet, & dispense ledit Sr Colleau de l'âge requis par les Ordonnances, &c.

Du 9 Décembre 1738.

Arrest du Conseil, qui déboute le Sieur Antoine Ribelot, Président au Grenier à Sel de Sauxleduc, de l'opposition par lui formée le premier Février 1737. à l'Arrest du Conseil du 18 Décembre 1736. qui avoit ordonné que les Officiers dudit Grenier restitueroient à Nicolas Desboves, adjudicataire des Fermes générales-unies, le montant des vacations par eux reçûës, pour raison du dénombrement par eux fait d'office, des Habitans des Paroisses de Meuvy, Bassoncourt, Mayray, le Faybillot, Ponçon, Tournay, Fouvent & Argillieres, qui ont le privilége de lever ledit Sel au Grenier d'Is-Surtille, Direction de Dijon, & qui se trouvent enclavées dans le Département de Langres; ensemble la somme de 835 livres 15 sols que ledit Desboves a payée aux Officiers du Grenier à Sel de Langres, pour raison des vacatious par eux employées aux nouveaux dénombremens faits des Habitans desdites Paroisses, en exécution de l'Arrest du Conseil du 27 Mars 1736. &c.

Du 16 Décembre 1738.

Arrest du Conseil, qui ordonne que les Chemins, depuis Saint Sulpice de la Pointe jusqu'à Rabastens, & depuis Rabastens jusqu'à Gaillac, seront réparés & mis en bon état, conformément au dévis dressé par le Sieur de Clapiés, Ingenieur & Directeur des travaux publics en la Province de Languedoc; & en conséquence que l'adjudication au rabais des Ouvrages y mentionnés, se fera en la maniere accoutumée, par le Sieur de Bernage, Intendant de ladite Province de Languedoc; ordonne en outre que le payement du prix desdits Ouvrages sera avancé par Jacques Forceville, Adjudicataire général des Fermes, sur les Ordonnances dudit Sieur Intendant, expédiées sur le Receveur général des Gabelles de Toulouse, & qu'en rapportant par ledit Forceville copie collationnée dudit Arrest, ensemble le Dévis & Procès-verbaux d'adjudication & de reception desdits Ouvrages, les Ordonnances dudit Sieur Intendant & Quittances de l'Entrepreneur, il lui sera tenu compte des avances qu'il aura faites, sur le produit des cinq sols par minot de Sel, dont la perception a été ordonnée pour la construction des chemins de Toulouse, par l'Arrest du Conseil & Lettres Patentes sur icelui du 24 Septembre 1726.

Du 16 Décembre 1738.

Arrest du Conseil, qui déboute les Procureurs au Bailliage & Siége Présidial de Salins, au Comté de Bourgogne, de leur opposition à l'Arrest du Conseil du 26 Juin 1736. par lequel il a été accordé au sieur Guillaume Javin, pourvû de l'Office de Substitut du Procureur du Roy en la Justice des Saulneries de Salins & en la Maîtrise des Eaux & Forests de la même Ville, la faculté de postuler au Bailliage & Siége Présidial de Salins, ainsi que dans toute autre Jurisdiction de ladite Ville, conformément aux Edits des mois d'Aoust 1692. Avril 1696. & à l'Arrest du Conseil du 26 Novembre 1697. quoique cette faculté ait été obmise dans les Provisions expédiées en faveur dudit sieur Javin le 20 Mars 1730.

Du 30 Décembre 1738.

Arrest du Conseil, qui avant faire droit sur la Requeste de Pierre Carlier adjudicataire des Gabelles de France, tendante à ce que conformément à une Sentence du Grenier à Sel d'Aubenton du 28 Février 1732. les Maire, Echevins, Syndic & Habitans de la Ville, Paroisse & Communauté de Rocroy, fussent tenus de payer en deniers ou quittances valables entre les mains du Receveur du Grenier à Sel d'Aubenton, la somme de 140 livres par chacun an duë audit Carlier pendant les six années de son Bail pour la valeur d'un Septier de Sel auquel ils sont assujettis par les Lettres Patentes du mois de Mars 1717. confirmatives de leurs Privileges, & ce à raison de 40 liv. le Minot prix reglé audit Grenier d'Aubenton, déduction faite du prix Marchand à raison de 7 liv. le Minot, & qu'il fût ordonné en outre que les habitans de ladite Ville de Rocroy, payeroient aux adjudicataires des Gabelles de France successeurs dudit Carlier, pareille somme de 140 liv. aussi par chacun an au jour de S. Remi pour le droit de Gabelle d'un Septier de Sel, à peine d'être déchûs des Privileges & Exemptions dont ils jouissent; Ordonne que ladite Requeste sera communiquée ausdits Maire, Echevins & Habitans de la Ville de Rocroy, pour y fournir de réponse dans un mois, à compter du jour de la signification qui leur sera faite du présent Arrest, sinon & à faute de ce faire dans ledit tems & icelui passé, il sera fait droit par S. M. ainsi qu'il appartiendra.

Du 13 Janvier 1739.

* Arrest du Conseil, qui reçoit Jean-François Yvain, demeurant au Village d'Escouaves, & Jean-Philippes Landry, Marchand Rafineur de Sel, demeurant en la Cité d'Arras, opposans à l'Arrest du premier Juillet 1738. & les déboute de l'appel par eux interjetté à la Cour des Aydes de Paris le 26 Mars précedent, de la Sentence rendue le 26 Février 1738. en la Jurisdiction des Fermes à Hesdin, par laquelle ledit Yvain a été condamné en 300 liv. d'amende & à la confiscation de dix sacs de Sel gris sur lui saisis; & ordonne que ladite Sentence sera exécutée selon sa forme & teneur.

Du 13 Janvier 1739.

Arrest du Conseil, qui déboute François Planta du Clause, Controlleur Général & Provincial des Gabelles en Dauphiné, de l'opposition par lui formée à l'Arrest du Conseil du 21 Janvier 1738. qui a évoqué à icelui & renvoyé pardevant le sieur Commissaire départi en la Province de Dauphiné, la demande portée contre le sieur Rey, acquereur d'un Office de Controlleur Général des Gabelles du sieur Jomaron Trésorier de France & Subdelegué Général du sieur Intendant de Dauphiné, par ledit Planta du Clause au Parlement de Grenoble, à l'effet d'être maintenu dans la possession de Jurisdiction sur les Baronnies, pour être par ledit sieur Intendant dressé Procès-verbal desdites demandes, prétentions & contestations respectives des Parties; Et ledit Procès-verbal vû au Conseil avec son avis être par S. M.

fait droit ainsi qu'il appartiendroit ; Et ordonne que ledit Arrest sera exécuté selon sa forme & teneur.

Du 13 Janvier 1739.

* Arrest du Conseil, qui permet aux habitans & Armateurs du Port de Grandville, dont les Vaisseaux seront du Port de 80 Tonneaux & au-dessus, de prendre le sel nécessaire pour la salaison de la Moruë séche seulement dans les Ports de Bretagne, à l'exception des Isles de Bouin & de Noirmontier, à la charge par lesdits Armateurs de faire aux Bureaux des Fermes les déclarations & soumissions requises par l'Ordonnance des Gabelles de 1680. & ordonne que les Arrest & Lettres Patentes des trois & quinze Fevrier 1722. & autres concernant la Pêche des Moruës & autres Poissons, seroient au surplus exécutés selon leur forme & teneur.

Du 20 Janvier 1739.

Arrest du Conseil, qui commet le sieur Barentin Intendant de la Rochelle, pour conjointement avec les Officiers du Présidial de la Rochelle, ou ceux de la Sénéchaussée de Xaintes, juger pendant deux ans souverainement & en dernier ressort tous les Auteurs des vols nocturnes de sel qui se commettront pendant ledit tems dans les Provinces d'Aunix & Saintonges ainsi que tous les complices desdits vols, circonstances & dépendances, leur attribue à cet effet toute Cour, Jurisdiction & connoissance, & icelle interdit à tous autres Juges pendant ledit tems ; permet audit sieur Barentin de subdéleguer pour l'instruction & pour rendre les Jugemens à l'extraordinaire, en appellant le nombre de Gradués requis par l'Ordonnance, & de commettre pour faire les fonctions de Procureur du Roi en ladite Commission, tels Officiers ou Gradués qu'il voudra choisir ; Et ordonne en outre que les Charges, Informations & autres Procédures si aucunes ont été faites en quelque Jurisdiction que ce soit, seront remises au Greffe de ladite Commission, &c.

Du 27 Janvier 1739.

* Arreſt du Conſeil, qui permet aux Habitans Négocians d'Honfleur, dont les Vaiſſeaux ſeront du Port de quatre-vingt Tonneaux & au-deſſus, de prendre le ſel néceſſaire pour la ſalaiſon de la Moruë dans les Ports de Bretagne à l'exception des Iſles de Bouin & de Noirmoutier, à la charge par leſdits Négocians de faire aux Bureaux des Fermes les déclarations & ſoumiſſions requiſes par l'Ordonnance des Gabelles de 1680. Ordonne en exécution des Lettres Patentes du mois d'Avril 1717. que les droits de Broüage ne ſeront perçûs ni ſur les Sels qui ſe tireront de Bretagne deſtinés pour la ſalaiſon de la pêche, ni ſur ceux qui ſeront enlevés à l'avenir de Broüage pour la même deſtination, leſquels ſeront exempts deſdits droits, ſans cependant que l'on puiſſe répeter les droits qui ont été ci-devant perçûs; Et ordonne au ſurplus, que les Arreſt & Lettres Patentes des 3 & 15 Fevrier 1722. & autres rendus concernant la pêche des Moruës & autres Poiſſons, ſeroient exécutés ſelon leur forme & teneur.

Du 27 Janvier 1739.

Arreſt du Conſeil, qui ordonne l'exécution des différens Arreſts, qui ont commis ou ſubrogé le Sr Levet, Préſident de la Commiſſion établie à Valence, pour juger les affaires criminelles qui ſurviendront dans l'étendue des Provinces de Dauphiné, Lyonnois, Duché & Comté de Bourgogne, Provence, Languedoc & Auvergne, pour raiſon de l'introduction à port d'Armes & débit des Marchandiſes prohibées & du Tabac; que les Procès qui doivent être faits, tant aux auteurs & complices, des violences commiſes contre les Commis des Fermes, qu'aux fauteurs deſdites contrebandes; en conſéquence évoque & renvoye pardevant ledit Sr Levet, toutes les Procedures criminelles & Inſtances, concernant le nommé François Theron du lieu de Bagnolles, prévenu de complicité de l'aſſaſſinat commis en 1728. en la perſonne de quelques Employés de la Brigade du Tabac de Remoulin en Languedoc, comme auſſi l'Inſtance pendante pardevant le Viſiteur des Gabelles de Montpellier contre ledit Theron, pour s'être trouvé le 22 May 1738. dans une bande de Faux-sauniers, conduisans dans un Bateau quatorze sacs de faux Sel.

Du 27 Janvier 1739.

* Arrest du Conseil, qui permet aux Armateurs du Port de Renneville, faisant le commerce de la pêche de la Moruë, d'apporter dans ledit Port, les Sels qu'ils iront ou envoyeront prendre aux Marais de Broüage pour la salaison des Moruës de leur pêche, & ceux qu'ils rapporteront en essence au retour de ladite pêche, à la charge par eux d'observer exactement ainsi qu'ils s'y soumettent, les conditions portées par les Arrests du Conseil & Lettres Patentes expediées sur iceux les 12 & 21 Septembre 1721. & 3 & 15 Fevrier 1722. & de se conformer aux dispositions des Articles I. VIII. & X. du Tit. XV. de l'Ordonnance de mil six cent quatre-vingt, aux termes desquels & ainsi qu'il se pratique dans les autres Ports de Normandie, lesdits Sels seront déchargés & mesurés au retour de Broüage ou de la pêche, en la présence du Commis du Fermier, & transportés incessamment dans un Magasin général ou dans les Soles & Magasins particuliers appartenans ausdits Armateurs & à leurs frais, pour y être en dépôt sous trois Chefs qui resteront ès mains du Receveur, du Controlleur du Bureau des Fermes & des Propriétaires, le tout aux peines portées par l'Ordonnance & lesdits Arrests des 12 Septembre 1721. & 3 Fevrier 1722. qui seront au surplus exécutés selon leur forme & teneur; Et conformément à l'Article IV. des Lettres Patentes du mois d'Avril 1717. concernant le commerce des Isles Françoises de l'Amérique, décharge lesdits Armateurs du payement des droits de sortie & autres tels qu'ils puissent être sur les Provisions qu'ils feront embarquer pour l'armement & avitaillement des Vaisseaux destinés seulement pour la pêche de la Moruë au Banc de Terre-Neuve, Isle Royale & en Canada.

Du 27 Janvier 1739.

* Arrest du Conseil, portant qu'il sera établi à Grandville, aux

frais des Négocians, un Magasin où les Marchandises & Denrées qui seront déclarées par Entrepôt, pour être employées à l'armement & avitaillement des Vaisseaux destinés pour la pêche seront déposées, à la charge par les Négocians d'observer les formalités prescrites & ordonnées par les Lettres Patentes de 1717. ordonne au surplus, que les Habitans de Grandville, & ceux qui feront des armemens dans ce Port pour la pêche de la Moruë au Banc de Terre-Neuve, Canada, & Isle Royale, jouiront de tous les Droits, Priviléges, & exemptions accordées aux Sujets de Sa Majesté, en faveur de la pêche Françoise.

Du 27 Janvier 1739.

Arrest du Conseil, qui permet à l'Entrepreneur des Voitures des sels du Rhône, de faire faire le transport sur la Saone des Denrées qui lui seront nécessaires pour son entreprise, en faisant sa soumission au nom du Fermier Général, de payer les Droits de Péages & d'Octrois s'il est ainsi ordonné, &c.

Du 27 Janvier 1739.

Arrest du Conseil, qui subroge les cautions de Jacques Forceville adjudicataire des Fermes-unies & leurs successeurs au lieu & place du sieur Chaillet & Associés Entrepreneurs de la Saline de Lons le Saunier, transferée depuis à l'Etang du Saloir, pour par lesdites cautions jouir, comme auroient pû faire lesdits Entrepreneurs, du Privilege à eux accordé par l'Arrest du 2 Juin 1733. & les Lettres Patentes expediées ledit jour en conséquence, le tout aux conditions énoncées au présent Arrest, contenant 11 Articles.

Du 3 Février 1739.

Arrest du Conseil, qui autorise Jacques Forceville adjudicataire des Fermes génerales-unies, à acquérir tant pour lui que pour ses successeurs, du sieur François Odille, ancien Maire de Moyenvic, deux Fauchées & un quart de Pré qui ont été enfermés en 1734. dans la Saline de Moyenvic, & dont il est Propriétaire, au prix & moyennant une redevance annuelle d'un Vaxel & demi de sel, à compter du premier Janvier 1739. tant audit sieur Odille qu'à ses successeurs, & ayant cause, lesd. deux Fauchées & un quart de Pré, quittes de tailles & de toutes autres charges; En conséquence ordonne que ledit Forceville passera touts les Actes & Titres pour ce nécessaires, dont il remettra à l'expiration de son Bail des expéditions en bonne & dûe forme au Fermier qui lui succedera à ladite Ferme, lequel pendant son Bail aura la même jouissance des deux Fauchées & un quart de Pré, & sera tenu de délivrer ledit Vaxel & demi de sel constitué pour la jouissance desdites deux Fauchées & un quart de Pré, audit sieur Odille & à ses successeurs; Et ordonne en outre que ledit sieur Odille sera payé de la somme de 18 liv. 15 sols pour les années 1734. 1735. 1736. 1737. & 1738. pendant lesquelles il n'a point joui desdites deux Fauchées & un quart de Pré, à raison de 3 liv. 15 sols par chacune année pour le prix de chaque Vaxel & demi de sel.

Du 24 Février 1739.

Arrest du Conseil, qui permet aux Entrepreneurs des Voitures des Sels, de faire faire les mêmes ouvertures qui ont été faites les années précedentes aux Ecluses du Perthuis de Bailly, pour faciliter le montage des Bateaux chargés de Sel sur la Riviere d'Yonne, & ce jusqu'à ce que l'Instance pendante au Conseil entre les Propriétaires dudit Perthuis & l'Adjudicataire des Fermes générales, pour sçavoir aux dépens de qui les réparations nécessaires seront faites, soit jugée.

Du 25 Février 1739.

* Sentence des Prevost des Marchands & Echevins de Paris, qui condamne les nommés Leloup Pâtissier-Traiteur, ruë Neuve des Petits-Champs, Portier aussi Pâtissier-Traiteur ruë des Foureurs, & le Guyet aussi Pâtissier-Traiteur ruë S. Honoré; sçavoir, lesdits Leloup & Portier chacun en 300 liv. d'amende, pour s'être trouvé chez ledit Leloup un demi Boisseau non étalonné, & un quart de Boisseau marqué à la lettre O, au lieu de

de celle A, & avoir usé de violences contre les Officiers-Mesureurs de Sel & Etalonneurs de Mesures de bois; par ledit Portier, avoir refusé de représenter les Mesures qu'il doit avoir, & usé de violences avec juremens contre lesdits Officiers, & ledit le Guyet en 50 livres aussi d'amende, pour s'être trouvé aussi chez lui un quart de Boisseau & un Litron non étalonnés.

Du 3 Mars 1739.

* Arrest du Conseil, qui ordonne, conformément à ceux rendus pour le Bail de Domergue, & les suivans, que Nicolas Desboves & ses Cautions ci-devant Fermiers généraux des Fermes-unies, dont le Bail a fini au dernier Septembre 1738. ne pourront être assignés qu'en leur domicile à Paris, ni traduits ailleurs qu'en la Cour des Aides de ladite Ville, pour raison desdites Fermes, & déclare nulles toutes assignations qui leur seroient données ailleurs.

Du 3 Mars 1739.

* Arrest du Conseil, qui ordonne, conformément à ceux des 4, 11 & 30 Avril *1699.* 20 Mars 1708. 14 Aoust 1717. 17 Février 1719. 21 Juin 1721. 9 Novembre 1728. & 11 Novembre 1732. que tous les Exploits de saisies, oppositions ou empêchemens à la délivrance & payement des sommes assignées & employées dans les Etats du Roy, expédiés pour la distribution des deniers, des remboursemens des avances des Fermiers, & tous autres remboursemens, charges & dépenses concernant la Régie desdites Fermes, seront visés & paraphés sans frais par le sieur Gaultier Receveur général du Bail de Forceville, tant celles faites depuis le premier Octobre 1738. que celles qui seront faites par la suite; déclare nuls & de nul effet tous Exploits de saisies, oppositions ou empêchemens qui n'auront point été visés & paraphés par ledit sieur Gaultier; ordonne en outre que ledit Arrest sera signifié à la Communauté des Huissiers & Sergens, tant des Cours supérieures que du Châtelet de Paris & autres Jurisdictions, à ce qu'il n'y soit contrevenu, à peine contre lesdits Huissiers & Sergens d'être responsables des événemens en leurs propres & privés noms, & de 500 liv. d'amende.

Du 3 Mars 1739.

Arrest du Conseil, qui commet le Sieur Chauvelin, Intendant en la Généralité d'Amiens, pour juger souverainement & en dernier ressort le Procès aux nommés Claude Lourdel, Mathieu de Vaucher, dit Quint, François Maruë, dit Martyr, Pierre Boulanger, Guillaume de Vauchel, dit Mairie, & autres auteurs & complices de l'assassinat commis le 5 Février 1739. en la personne du nommé Roslin Employé des Fermes, & de celui commis le 15 dudit mois, en la personne du nommé le Févre aussi Employé des Fermes, & autres excès rapportés ès Procès-verbaux des 5, 15, 16 & 17 Février 1739. circonstances & dépendances; évoque & renvoye pardevant ledit S^r^. Intendant, les Procedures qui pourroient avoir été commencées pour raison desdits excès & assassinats, en quelque Jurisdiction que ce soit.

Du 3 Mars 1739.

Arrest du Conseil, qui approuve l'avance faite par Nicolas Desboves, ci-devant Adjudicataire général des Fermes-unies, de la somme de 3855 liv. pour augmentation de réparations faites au Pont de Pontcharra mentionnées au Procès-verbal du sieur Martin, Ingenieur du 28 Janvier 1738. & au dévis dressé en conséquence; de laquelle somme il sera tenu compte audit Desboves sur le prix de son Bail, en rapportant l'expedition ou copie collationnée dudit Arrest, le Procès-verbal du 28 Janvier 1738. le Dévis dressé en conséquence, ainsi que les Ordonnances de payement du sieur de Jomaron, chargé de faire faire lesdites réparations, la Quittance des Entrepreneurs, & le Procès-verbal de reception desdits Ouvrages.

Du 3 Mars 1739.

* Arrest du Conseil, qui déboute les Estats d'Artois, de l'opposition par eux formée aux Arrests des 21 Juin 1723. & 27 Juin 1724. ainsi que de l'appel interjetté par les Maire & Echevins de S. Pol, du Jugement du Sieur Intendant du 31 Jan-

vier 1738. par lesquels il est défendu de faire des amas & entrepôts de Sel dans la Ville de S. Pol en Artois, &c.

Du 17 Mars 1739.

* Arrest du Conseil, qui supprime les droits de Péages prétendus par le sieur Chatagnat de Neuvy, sur les Voitures & Bêtes de somme chargées de Vin, Sel & autres Marchandises passant sur le Pont de Pontarion & dans l'étendue des Seigneuries de Pontarion & Subrebeau ; lui fait défenses de continuer la perception desdits droits à peine contre lui de restitution des sommes qui auroient été exigées, & d'amende arbitraire au profit de Sa Majesté, & contre les Receveurs desdits droits d'être poursuivis & punis comme Concussionnaires.

Du 17 Mars 1739.

* Arrest du Conseil, qui supprime le droit de Péage appellé des quatre Mats, prétendu par la Dame de Lyonne sur les Sels voiturés par le Rhône devant le lieu de Serve Généralité de Dauphiné ; lui fait défenses de percevoir à l'avenir aucun droit de Péage sur les Marchandises passant tant par terre que par eau audit lieu de Serve-Claveson, ni ailleurs ; à peine contre elle de restitution des sommes qui auroient été exigées, & d'une amende arbitraire, & contre les Receveurs desdits Droits d'être poursuivis & punis comme Concussionnaires.

Du 24 Mars 1739.

* Arrest du Conseil d'Etat du Roi, qui sans avoir égard aux représentations du sieur Marquis d'Ars, ordonne que le droit de Péage d'un demi Boisseau de Sel par lui prétendu sur chaque Gabare ou Batteau chargé de Sel passant par la Riviere de Charente, au lieu de Cognac, Généralité de la Rochelle, demeurera éteint & supprimé conformément à l'Arrest du Conseil du 29 Mars 1729.

Du 31 Mars 1739.

Arrest du Conseil, qui ordonne que par le sieur de Creil Maître des Requestes, Intendant & Commissaire départi en la Généralité de Metz, il sera incessamment procedé à l'adjudication au rabais & moins disant en la maniere accoutumée des ouvrages & réparations à faire aux Canaux de la Saline de Moyenvic, mentionnés en l'état & addition à icelui estimatif desdits Ouvrages & réparations, du prix desquels ouvrages & réparations les Entrepreneurs seront payés sur les Ordonnauces dudit sieur Intendant au fur & à mesure, ou après la réception desdits ouvrages & réparations par les cautions de Jacques Forceville adjudicataire des Fermes générales-unies, dont il leur sera tenu compte sur le prix de leur Bail, en rapportant l'expédition ou copie collationnée dudit Arrest, le Devis estimatif, les Procès-verbaux d'adjudication & de réception desdits ouvrages & réparations, les Ordonnances dudit sieur Intendant & les quittances des Entrepreneurs sur ce suffisantes.

Du 31 Mars 1739.

* Arrest du Conseil, qui supprime le droit de Péage ou coutume consistant en un Boisseau de Sel sur chaque Gabarre chargée de sel passant par la Riviere de Charente, ou abordant au Port de la Ville de Cognac, prétendu par le sieur de Bonvoust Abbé de l'Abbaye de Notre-Dame de Fondouce, &c.

Du 31 Mars 1739.

* Arrest du Conseil, qui supprime le droit de Péage, consistant en un Boisseau de sel prétendu par le sieur Abbé de Notre-Dame de la Frenade ; lui fait défenses & à ses successeurs, de percevoir à l'avenir ledit droit à titre de Péage, Coutume de Merpuis ou de Cognac, ni sous quelque autre dénomination que ce soit, sur les Batteaux & Gabarres chargées de sel passant ou abordant au Port de Cognac ni ailleurs sur la Riviere de Charente, à peine contre lui de restitution des sommes induëment exigées, d'amende arbitraire au profit de S. M. & contre les Re-

ceveurs dudit droit, d'être poursuivis & punis comme Concussionnaires.

Du 31 Mars 1739.

Arrest du Conseil, portant que l'évaluation de la Pipe de Sel venant de Bayonne, sera & demeurera reglée à l'avenir au Bureau de Dax à huit Conques, de la Jauge ordinaire mesure rase, sans que le Fermier soit tenu de passer 21 pour 20. Que le droit de Convoy y sera perçû à raison de 55 f. seulement par Conque, sçavoir, 2 liv. 10 sols pour le Droit principal de 20 liv. par Pipe, conformément à la déclaration du 16 Septembre 1638. & 5 sols pour les 2 sols pour liv. des Controleurs des Fermes; que l'Arrest du 22 Avril 1673. & les déclarations des 24 Juillet 1691. 6 Février 1725. & 3 Septembre 1726. en ce qui regarde le droit de Broüage sur le Sel entrant par la Riviere de l'Adour, seront exécutés sur le Sel de Bretagne qui remontera jusqu'à Dax; En conséquence, qu'outre & distinctement du droit de Convoy, il sera perçû au Bureau de Dax sur ledit Sel de Bretagne, à titre de droit de Broüage, 56 sols 8 den. par Pipe mesure de Bordeaux, faisant 7 sols 1 den. par Conque mesure de Dax; comme aussi les 4 sols pour liv. desdits droits de Convoy & de Broüage, aussi long-tems que lesdits 4 sols pour liv. auront lieu. Que les Sels déclarés venir de Saintonge, Poitou & autres lieux où le droit de Broüage se paye à l'enlevement, seront accompagnés à Dax de l'acquit dudit droit, faute de quoi ils seront réputés venir de Bretagne, & comme tels assujettis au droit de Broüage, & que les soumissions qui ont été prises jusqu'à présent au Bureau de Bayonne pour raison du droit de Broüage, seront rendues aux Négocians ausquels Sa Majesté fait pour le passé, en tant que de besoin, don & remise dudit droit.

Du 31 Mars 1739.

Arrest du Conseil, portant que l'Arpentage général des Bois des Religieuses de S. Dominique de Reinteing dans les trois Evêchés, fait le 21 Juillet 1733. la distraction faite en conséquence de l'Ordonnance du sieur Coulon Grand Maître des Eaux & Forests du département de Metz & des Procès-verbaux d'Arpentage, des 2 Janvier, 14 & 28 Octobre 1738. de 400 Arpens & leur division en 30 coupes pour le chauffage desdites Religieuses, ainsi que la délivrance de 200 Arpens ci-devant faite pour l'usage de la Saline de Moyenvic seront exécutés, que la quantité de 1422 arpens trois quarts treize toises restant des Bois appartenans ausdites Religieuses, demeureront affectés à la Saline de Moyenvic pour être exploités conformément à l'Arrest du Conseil du 5 Juin 1725. & mis en coupe ordinaire à l'âge de 25 ans de tir à aire le plus également que faire se pourra; Qu'à sur & à mesure des exploitations qui seront faites sur les Ordonnances du Grand Maître des Eaux & Forests du département, il sera marqué deux Arbres anciens, deux Modernes & huit Baliveaux par arpent mesure de Lorraine, pour être réservés & le surplus exploité avec le Taillis par l'adjudicataire des Fermes, lequel payera suivant la taxe qui en sera faite par le Grand Maître, les frais d'assiette, Marlelage, délivrance & récollemens; Que les Religieuses de Reinteing réserveront dans leurs coupes ordinaires tous les Arbres anciens & modernes, & 8 Baliveaux par arpent mesure de Lorraine, dont les Taillis serviront à leur chauffage & à l'entretien de leur Thuillerie; Que lorsqu'elles auront besoin de quelques Arbres pour de nouveaux Bâtimens ou l'entretien de ceux qui composent leur Monastere, il leur en sera délivré dans lesdites coupes sur les Ordonnances du Grand Maître, & sur un Devis de Charpentier dûement affirmé; que les frais d'arpentage général des Bois desdites Religieuses & de la délivrance d'iceux seront payés par lesdites Religieuses, ausquelles l'adjudicataire des Fermes générales payera chaque corde sur le pied de trente sols, conformément à l'Arrest du Conseil du 15 Juillet 1732. à la déduction néanmoins des quatre au cent, & de la buche par-dessus suivant l'usage.

Du 7 Avril 1739.

Arrest du Conseil, qui ordonne que par le sieur de Creil Intendant en la Généralité de Metz, il sera procedé à l'adjudication au rabais & moins disant en la maniere accoutumée, des ouvrages & réparations à faire tant au Grillage du petit Paris au bout du Canal de Rechicourt, à la queuë de l'Etang de la Garde à l'Ecluse au-dessus du Murot dans ledit Canal de Rechicourt dépendant de la Saline de Moyenvic, qu'à la Maison & Bâtimens servans de logement au Directeur de ladite Saline, & mentionnés en deux États estimatifs desdits ouvrages & réparations faits de l'ordre dudit sieur Intendant, le montant desquels ouvrages & réparations sera avancé par le Fermier auquel il en sera tenu compte sur le prix de son Bail.

Du 7 Avril 1739.

* Arrest du Conseil, qui maintient le Sieur de Fargis, dans la possession & jouissance du Droit de Péage ou Travers, sur les Marchandises passant sur la Riviere d'Oyse à Compiégne, Généralité de Paris: par le XXXIVe. Art. duquel le Droit de Péage est fixé sur le Sel en Banne à cinq deniers par Muid, avec défense de percevoir ledit Droit sur les Marchandises & Denrées non comprises audit Arrest, non plus que sur les Bleds, Grains, Farines & Légumes verds ou secs, le Pastel, le Papier ni sur les Bateaux vuides.

Du 7 Avril 1739.

* Arrest du Conseil, qui maintient le Sieur de Fargis, dans la possession & jouissance du Droit de Péage ou Travers sur les Marchandises passant sur la Riviere d'Aisne à Choisy le Bacq: par l'Art. XXXIIIe. duquel le Droit de Péage sur le Sel en Banne, est fixé à cinq deniers le Muid, avec défense de percevoir ledit Droit de Péage sur les Bateaux vuides ni sur les Bleds, Grains, Farines, Légumes verds ou secs, le Pastel & le Papier, non plus que sur les Marchandises & Denrées non comprises audit Tarif.

Du 11 Avril 1739.

Sentence des Officiers du Grenier à Sel de Pontoise, qui condamne Jean Laurent & sa femme, Meûnier de la Paroisse de Tessancourt en 200 livres d'amende, pour saisie sur eux faite de trois quarterons de Sel de Moruë d'Hollande.

Du 14 Avril 1739.

Arrest du Conseil, qui ordonne que Mr le Duc d'Orléans, en qualité de Seigneur Duc de Chartres, continuera de jouir de la moitié du Droit de grosse Coûtume sur le Sel qui se déscend & mesure au Grenier à Sel de Chartres, pour lequel demi droit il lui sera payé annuellement par l'Adjudicataire de la Ferme générale, & à sa charge, une somme de 1100 liv. en argent, & vingt-quatre Minots de Sel en essence.

Du 14 Avril 1739.

* Arrest du Conseil, qui casse & annulle un Procès-verbal dressé par les Gardes Royaux de Quinzey du 22 Décembre 1738. en conséquence duquel les nommés Jacques & Estienne-Humbert, Jean du lieu de Lavans, ont été mal-à-propos condamnés par les Officiers de la Maîtrise des Eaux & Forests de Besançon, en 388 liv. d'amende & aux dépens, pour avoir fait couper & conduire à leur domicile trente-deux Arbres à eux délivrés dans les Bois de la Communauté dudit lieu de Lavans, sur l'Ordonnance du Sr de Pimelle, Commissaire général pour l'administration des Bois affectés aux Salines de Salins; & décharge lesdits Jacques & Etienne Humbert Jean, desdites amende & dépens. Ordonne que par ledit Sr de Pimelle il sera procedé à l'arrondissement des Bois qui se trouvent dans la distance de six lieuës de la Ville de Salins, pour être tous les Bois dudit arrondissement destinés pour le service des Salines de ladite Ville.

Du 14 Avril 1739.

Arrest du Conseil, qui ordonne que sur le produit des 5 sols par Minot ordonnés être perçus par l'Arrest du 14 Aoust 1725. dans les Greniers des Petites Gabelles, pour être employés à l'ouverture du Grau d'Ayguemorte, l'Adjudicataire général des Fermes-unies sera payé & remboursé de la somme de 80 liv. 5 s. par lui avancée pour l'augmentation du curage fait audit Etang d'Ayguemorte, en rapportant l'expédition ou copie collationnée

lationnée dudit Arrest, le certificat du Sr Senés Ingénieur, du 28 Janvier 1739. l'Ordonnance du Sr de Bernage, Intendant en Languedoc du 19 Février suivant, & les Quittances de l'Entrepreneur sur ce suffisantes.

Du 14 Avril 1739.

Arrest du Conseil, qui accorde trois mois, pour tout délai, au Sieur Jean-Claude Boizot, Abbé Commandataire de l'Abbaye Royale de Mont Sainte Marie, au Comté de Bourgogne, pour représenter par-devant le Sr Viart de Pimelle, Commissaire nommé par Sa Majesté, pour la réformation des Bois affectés aux Salines de Salins, les Titres & Piéces, & fournir tels Mémoires qu'il jugera à propos pour justifier la proprieté par lui prétenduë de la partie de Bois enclavée dans les abornemens, depuis la Fontaine aux Oyes jusqu'au chemin de Rabatoux, appellé le Mont-Viremont, & qu'elle ne fait point partie du Loyauboz; de laquelle représentation sera dressé Procès-verbal par ledit Sr Viart de Pimelle; ordonne pareillement que dans le même délai de trois mois, il sera par ledit Sr Viart de Pimelle procedé à une nouvelle Visite & Plan desdits Bois, en cas qu'elle soit réquise par ledit Sieur Abbé Boizot; laquelle audit cas sera faite à ses frais & dépens, en présence du Procureur de Sa Majesté en ladite Réformation des Bois affectés ausdites Salines de Salins, des Prieur & Religieux de ladite Abbaye de Mont Sainte Marie, & des Communautés de Villers, Villeneuve, Damont, Dournon, la Chapelle d'Hoin, & Boujailles en leur qualité d'Usagers, ou eux dûement appellés, sans néanmoins que ladite nouvelle Visite puisse préjudicier ni donner atteinte aux preuves résultantes du Procès-verbal de Visite faite des mêmes Bois le 14 Aoust 1727. par le Sieur Beguin de Montreüil, en exécution de l'Arrest du Conseil du 3 Septembre 1726, pour lesdits Procès-verbaux de représentation de Titres & de nouvelle Visite & Plan, vûs & rapportés au Conseil, avec l'avis dudit Sr Viart de Pimelle, être par Sa Majesté ordonné ce qu'il appartiendra; ordonne en outre, que faute par ledit Sieur Abbé Boizot de faire ladite représentation & requerir ladite nouvelle Visite &Plan, dans le délai ci-dessus marqué, il en demeurera déchû en vertu dudit Arreſt, lequel ſera exécuté nonobſtant oppoſition ou autres empêchemens généralement quelconques, pour leſquels ne ſera differé.

Du 21 Avril 1739.

Arreſt du Conſeil, qui ordonne l'exécution de celui du 23 Février 1734. ſervant de Réglement pour les Bois deſtinés à l'uſage de la Saline de Montmorot, caſſe & annulle tous appels portés au Parlement de Beſançon, des Sentences du Juge nommé par le Sr de la Neuville, Intendant en Franche-Comté, pour connoître des conteſtations ſurvenuës ſur l'exécution dudit Arreſt; défend aux Particuliers condamnés pour délits, & qui ont appellé deſdites Sentences audit Parlement, de ſe pourvoir ailleurs que par-devant ledit Sieur Intendant de Beſançon, ſauf l'appel au Conſeil, dans les cas ſeulement où les condamnations ſeront au-deſſus de 3000 liv

Du 21 Avril 1739.

Arreſt du Conſeil, qui ſur un conflit de Juriſdiction entre les Officiers du Grenier à Sel, & les Officiers du Siége des Exempts de la Ville de Laval, à l'occaſion des violences & voyes de fait exercées envers les nommés Julien le Riche, Antoine Hardy & autres, contre pluſieurs Employés des Fermes de S. Jean ſur Mayenne, ſortant de ladite Ville de Laval, d'où ils venoient faire des Viſites domiciliaires pour la recherche du faux Sel, déboute le Riche & Hardy, de leur demande à fin de caſſation de la procedure faite contr'eux devant les Officiers du Grenier à Sel de Laval, pour raiſon deſdits excès & mauvais traitemens, & de l'élargiſſement dudit Hardy des Priſons de Laval. Renvoye les conteſtations d'entre le Fermier des Gabelles & les Officiers du Siége des Exempts de ladite Ville de Laval à ce ſujet, par-devant les Juges des Traittes de la même Ville, pour être par eux jugées ſuivant les derniers erremens de la Procedure, & ſauf l'appel en la Cour des Aydes. Défend auxdites Parties de ſe pourvoir pour raiſon de ce, ailleurs que devant leſdits Juges, à peine de nullité, caſſation de Procedures, 1000 liv. d'amende & de tous dépens, dommages & intérêts.

Du 28 Avril 1739.

Arrest du Conseil, qui commet le Sr Bertier de Sauvigny, Maître des Requestes, Intendant & Commissaire départi en la Généralité de Moulins, pour au lieu & place du Sr Pallu, proceder à l'exécution de l'Arrest du 24 Juin 1738. & de ceux précédemment rendus pour instruire & juger souverainement & en dernier ressort toutes les affaires criminelles survenues ou qui surviendront dans l'étendue de ladite Généralité, tant à l'occasion du commerce de Tabac de contrebande & de l'introduction & débit des Indiennes & autres Marchandises prohibées, instruire & juger en dernier ressort le Procès aux Auteurs, complices, fauteurs, participes ou adhérans desdites contrebandes, de même qu'à l'occasion du commerce du faux sel, lorsque l'attroupement sera au-dessus du nombre de cinq, avec armes ou sans armes à pied ou à cheval.

Du 5 Mai 1739.

Arrest du Conseil, qui évoque en icelui l'Instance intentée à la Cour des Aydes à la Requeste du sieur Alexandre Edme le Riche de Chevigné Conseiller au Parlement, contre le sieur Alexandre-Joseph le Riche de la Poupliniere son frere, pour raison de l'intérest dudit sieur de la Poupliniere dans les Fermes générales.

Du 12 Mai 1739.

* Arrest du Conseil d'Etat du Roi, portant que les Grenetiers, Controlleurs, Greffiers, & Receveurs des Greniers, auront seuls le droit de tenir, arrêter, & signer les Registres & Etats de Ventes, distributions, descentes, mesurages & emplacemens des sels, permet toutesfois aux Présidens d'y assister, mais sans préséance ni autorité, & sans que pour raison de ce, lesdits Présidens puissent prétendre aucun droit ni émolument.

Du 2 Juin 1739.

Arrest du Conseil, qui ordonne, que par le Sr Chauvelin, Intendant & Commissaire départi en la Généralité d'Amiens, il sera incessamment procedé à l'adjudication, au rabais & moins disant, en la maniere accoutumée, des réparations à faire à la Redoute de Thievres sur la Riviere d'Authie & à la Vergne, qui en soutient les terres mentionnées au dévis estimatif d'icelles, du prix desquelles réparations l'Entrepreneur sera payé sur les Ordonnances dudit Sr Intendant, par Jacques Forceville, adjudicataire des Fermes générales, auquel il en sera tenu compte sur le prix de son Bail.

Du 12 Juin 1739.

* Sentence des Prévôt des Marchands & Echevins de la Ville de Paris, qui condamne les nommés Gandal, Boulanger à Belleville, Louis Thouin, Meunier de deux Moulins au bas de Belleville, Lagache, aussi Meunier de deux Moulins sur la Butte Chaumont, & Gleau Hôtelier à Bondy, sçavoir ledit Gandal en trente livres d'amende, pour avoir eu chez lui un Boisseau, un Litron, & un demi Litron marqués X, & non de la lettre A, qui est celle de l'année courante, lesdits Thouin & Lagache chacun en deux cent livres de pareilles amendes, pour s'être trouvé chez ledit Thouin au lieu de mesures étalonnées, deux Corbeilles d'Ozier, & ledit Lagache pour n'en avoir eu aucune, & ledit Gleau en cent livres de semblable amende, pour s'être trouvé chez lui un Boisseau marqué à la lettre S. & un demi marqué de celle X. & non à ladite lettre A, & qui leur fait défenses de récidiver.

Du 16 Juin 1739.

* Arrest de la Cour du Parlement de Dijon, confirmatif d'une Sentence du Grenier à sel de la même Ville du 5 Novembre 1738. qui a prononcée la confiscation du faux sel trouvé chez les Prieur & Religieux de Notre-Dame d'Epoisses-lez-Dijon,

Ordre de Grandmond, & les a condamné en deux cent livres d'amende & aux dépens, & les a déclaré déchûs du privilege à eux accordé de deux Minots de sel; Modere à 12 liv. l'amende de 200 livres prononcée par ladite Sentence, & les condamne aux dépens de l'appel.

Du 19 Juin 1739.

* Délibération de Messieurs les Intéressés au Bail de Jacques Forceville adjudicataire des Fermes générales-unies, pour autoriser les Receveurs & autres Employés à payer les frais de la détention actuelle des Faux-sauniers, Faux-Tabatiers & Contrebandiers arrêtés pendant le courant du Bail de Nicolas Desboves, & ce à compter du premier Juillet 1739.

Du 23 Juin 1739.

Arrest du Conseil, qui ordonne que par le sieur de Creil Maître des Requestes, Intendant & Commissaire départi en la Généralité de Metz, il sera procedé à l'adjudication au rabais & moins disant en la maniere accoutumée, des ouvrages & augmentations à faire à la Maison & Bâtimens servant de logement au Directeur de la Saline de Moyenvic, & mentionnés en l'état estimatif desdits ouvrages du 27 Mai 1739. du prix desquels ouvrages l'Entrepreneur sera payé par Jacques Forceville adjudicataire des Fermes générales, auquel il en sera tenu compte sur le prix de son Bail.

Du 27 Juin 1739.

* Sentence des Prévôt des Marchands & Echevins de la Ville de Paris, qui condamne Etienne Auvry Cabarretier & Hôtelier à la Chapelle, en trois cent livres d'amende, pour ne s'être trouvé chez lui aucune mesures étalonnées propres à son commerce, & lui fait défenses de récidiver sous plus grandes peines.

Du 14 Juillet 1739.

Arrest du Conseil, portant que l'arrondissement de la Jurisdiction de chacun des Visiteurs & Contrôleurs généraux des Gabelles du Dauphiné sera & demeurera reglé, sçavoir, pour le Visiteur, le Haut Dauphiné qui comprend les Greniers de Briançon, Ville-vieille, Embrun & Gap, pour le premier Contrôleur, établi à Grenoble, les Greniers de Grenoble, Pontcharra, Bourg d'Oysans, Moyrans, Voyron, le Pont de Beauvoisin, Oste, Morestel, & la Côte S. André, pour le second Controlleur domicilié à Valence, le bas Dauphiné qui comprend les Greniers de Valence, S. Valier, Vienne & le Gabellage de Romans, & enfin pour le troisiéme Contrôleur résident au Buys dans les Baronnies, les Greniers d'Avignon, Pierre latte, Grignan, Montlimart, le Buis & Orange.

Du 14 Juillet 1739.

Arrest du Conseil, qui sans avoir égard aux fins de non-recevoir employées dans les Requestes du Syndic des Etats Généraux du Duché de Bourgogne, des 3 Février & 7 Juin 1738. Ordonne que ledit Syndic défendra à la demande en cassation formée par Pierre Carlier ci-devant adjudicataire des Fermes générales-unies, de l'Arrest du Parlement de Dijon du 17 Mars 1731. sinon & à faute de ce faire, dans le courant d'un mois sera fait droit sur la prétention du Fermier, à ce que les Bleds, Vins, Avoines, Ais de Sapin, Fers, Toiles, Chanvres, Cordages & autres choses nécessaires à la Voiture & tirage des Sels, soient exempts des droits d'Octrois & Péages sur les Rivieres de la Saone & du Rhône.

Du 21 Juillet 1739.

Arrest du Conseil qui y évoque l'appel interjetté à la Cour des Aydes de Paris par Claude-François Corbeau, ci-devant Receveur du Grenier à sel de S. Bonnet-le-Château en Forest pour raison d'une somme de 18808 liv. 13 f. 5 d. dont ledit Corbeau se trouve débiteur sur les cinq & sixiéme années du Bail de Cordier ci-devant adjudicataire des Fermes générales-unies : Et ordonne que les Parties seront tenues de remettre incessamment leurs Mémoires respectifs, & les Piéces qu'elles jugeront à propos d'y joindre, entre les mains du sieur Controlleur Général des Finances, pour à son rapport leur être fait droit sur ledit appel.

Du 28 Juillet 1739.

Arrest du Conseil, par lequel les Fermiers Généraux sont chargés des réparations à faire à la Saline de Moyenvic, ainsi qu'aux Bâtimens, Canaux, Etangs, Vannes & autres ouvrages intérieurs & extérieurs dépendans de ladite Saline, aux charges, clauses & conditious y portées, contenant six articles.

Du 31 Juillet 1739.

* Arrest de la Cour des Aydes, qui prononce la peine de mort contre Alexis Pochonnet & Charles Chauvin, Gardes des Fermes aux Postes de Falvy, sur la Riviere de Somme, Direction de Saint Quentin, pour avoir été d'intelligence & favorisé le passage de la Somme à plusieurs Contrebandiers, les condamne en cinq cens livres de dommages & intérêts envers le Fermier, condamne pareillement les nommés Louis Dieu, Jacques Toffin & Jacques Prosnier, Contrebandiers arrêtés à Fabry le 17 Février 1738. avec cinq mille deux cens quarante-six livres de Tabac de contrebande, en cinq années de Galeres, & solidairement en l'amende de mille livres & aux dépens.

Du 11 Aoust 1739.

Arrest du Conseil, qui commet le sieur Levet Commissaire du Conseil à Valence, pour instruire & juger diffinitivement & en dernier ressort le Procès aux nommés Jacques Rey de Chaumilly en Auvergne, Jean Pouzat de Vertolagne aussi en Auvergne Faux-Sauniers, à cheval arrêtés le 26 Juin 1739. par les Employés des Fermes de la Brigade de Cluny en Maconnois, & qui faisoient partie d'une bande plus nombreuse de Contrebandiers qui ont assassiné le 12 du même mois dans les Bois de S. Porgue en Forest, un Employé des Fermes de la Brigade de S. Priest la Prune, ensemble à leurs complices, fauteurs, participes ou adhérans, tant pour raison dudit assassinat que pour crime de

Fauxsaunage & contrebande dont ils sont prévenus, évoque & renvoye pardevant ledit sieur Levet les Procédures qui pourroient avoir été commencées à ce sujet en quelques Jurisdictions que ce soit, circonstances & dépendances, pour le tout être par lui jugé souverainement & en dernier ressort, en appellant le nombre d'Officiers ou Gradués requis par l'Ordonnance, à l'effet de quoi, ordonne que les charges, informations & autres Procédures si aucunes ont été commencées, seront remises au Greffe de ladite Commission.

Du 11 Aoust 1739.

Arrest du Conseil, qui sans tirer à conséquence pour l'avenir, continue pendant trois années à commencer au premier Octobre 1739. la jouissance ci-devant accordée à l'Hôpital général de Rouen par autre Arrest du Conseil du 30 Octobre 1736. de 40 Minots de francsallé par an, outre & par-dessus les 24 Minots qui lui sont annuellement accordés.

Du 18 Aoust 1739.

Arrest du Conseil, qui liquide la Finance de l'Office de Grenetier alternatif au Grenier à sel de Joinville, dont étoit ci-devant pourvû le sieur Laurent Certain, supprimé par Edit du mois de Décembre 1716. & déclarations des 20 Février & 31 Octobre 1717. sur le pied de la somme de 6000 liv. portée par le contrat d'acquisition passé devant Mouffle & son confrere Notaires à Paris le 18 Mars 1697. pour le remboursement de laquelle somme de 6000 liv. le Garde du Trésor Royal expédira audit sieur Laurent certain, une quittance de Finance portant intérest au denier cinquante sur les deniers à ce destinés.

Du 18 Aoust 1739.

Arrest du Conseil, qui ordonne que par Mr. de la Briffe Maître des Requestes, Intendant & Commissaire départi en la Province de Bourgogne, il sera procedé à l'adjudication au rabais & moins-disant des ouvrages & réparations à faire à la Maison du Parc du Parc d'Entrepôt des sels sur la toure de Geneve, & mentionnés en l'état & devis estimatif desdites réparations du 24 Juillet 1739. montant à la somme de 1339 liv. desquelles réparations les adjudicataires seront remboursés sur les Ordonnances dudit sieur Intendant, au fur & à mesure ou après la réception desdites réparations par Jacques Forceville adjudicataire des Fermes générales-unies, dont il lui sera tenu compte sur le prix de son Bail en rapportant l'expédition ou copie collationnée dudit Arrest, le devis estimatif, les Procès-verbaux d'adjudication & de réception desdits ouvtages & réparations, les Ordonnances dudit sieur Intendant & les quittances des Entrepreneurs sur ce suffisantes.

Du 18 *Aoust* 1739.

Arrest du Conseil, qui ordonne que par M. de la Brisse Maître des Requestes, Intendant & Commissaire départi en la Province de Bourgogne, il sera procedé à l'adjudication au rabais & moins disant des ouvrages & réparations à faire au chemin servant au tirage des sels depuis Seyssel jusqu'aux Entrepôts du Parc mentionnés au devis estimatif du 22 Juillet 1739. montant à la somme de 7880 liv. du prix desquelles réparations les adjudicataires seront remboursés sur les Ordonnances dudit sieur Intendant, au fur & à mesure ou après la réception desdits ouvrages par Jacques Forceville adjudicataire des Fermes générales-unies, dont il lui en sera tenu compte sur le prix de son Bail, en rapportant l'expédition ou copie collationnée dudit Arrest, les Devis estimatifs, les Procès-verbaux d'adjudication & de réception desdites réparations, les Ordonnances dudit sieur Intendant, & les quittances des Entrepreneurs sur ce suffisantes.

Du 18 *Aoust* 1739.

Arrest du Conseil, qui avant faire droit sur la Requeste de Nicolas Desboves adjudicataire des Gabelles de France, ordonne que M. le Procureur Général de la Cour des Aydes de Paris, envoyera au Greffe du Conseil les motifs d'un Arrest de ladite Cour du 15 Juillet 1739. par lequel en infirmant une Sentence de la

Jurisdiction des Fermes à Hesdin du 26 Juin 1738. qui avoit prononcé la confiscation de six Minots de sel & de deux Chevaux saisis sur les nommés Gabriel Routier & Pierre, Soyer du Hameau de Montplaisir, Paroisse de Sarton, situé dans les trois lieux limitrophes de la Province d'Artois, arrêtés par les Employés de la Brigade ambulante des Fermes établies à Thievres, & par eux conduits dans les Prisons de Doulens, ladite Cour a ordonné l'élargissement desdits Routier & Soyer, fait main-levée des six Minots de sel & autres choses sur eux saisies, condamne l'adjudicataire des Fermes en 800 liv. de dommages & intérets, & ce nonobstant les dispositions de l'Ordonnance & des Reglemens qui défendent de recevoir l'appel des Sentences des premiers Juges, sans que l'amende par eux prononcée ait été consignée entre les mains du Fermier, pour lesdits motifs vûs & examinés, être par S. M. ordonné ce qu'il appartiendra, toutes choses jusqu'à ce demeurant en état.

Du 18 *Aoust* 1739.

Arrest du Conseil, qui commet M. Dodart, Intendant & Commissaire départi en la Généralité de Bourges, pour instruire & juger souverainement & en dernier ressort, le Procès aux auteurs, complices, fauteurs, participes ou adhérans de la rebellion faite aux Employés des Fermes d'Argenton, & mentionnée au Procès-verbal par eux rendu le 29 Décembre 1738. dans la Métairie de Sauvigné, Paroisse de Prissac, ainsi qu'à ceux desdits Employés qui peuvent être coupables du meurtre commis en la personne du nommé Baudat, Métayer dudit lieu de Sauvigné, circonstances & dépendances, en appellant avec lui le nombre d'Officiers ou Gradués requis par l'Ordonnance; évoque & renvoye pardevant ledit Sr Intendant, les procedures qui peuvent avoir été commencées à ce sujet, en quelque Jurisdiction que ce soit; & ordonne que les charges, informations & procedures seront remises au Greffe de la Commission.

Du 18 *Aoust* 1739.

Arrest du Conseil, qui ordonne que par l'adjudicataire des

Fermes générales, il sera payé au sieur Maclot de Pierreville, Légataire universel du feu sieur Maclot son frere, Commissaire de la réformation des Bois affectés aux Salines de Salins la somme de 10194 liv. 8 sols 10 den. pour les appointemens dudit feu sieur Maclot, à raison de 10000 liv. par an échûs depuis le 20 Février 1737. jusqu'au 27 Février 1738. de laquelle somme de 10194 liv. 8 sols 10 den. il sera tenu compte audit adjudicataire sur le prix de son Bail, en rapportant l'expédition ou copie collationnée dudit Arrest, avec la quittance dudit sieur de Pierreville sur ce suffisante.

Du 25 Aoust 1739.

Arrest du Conseil, qui déclare commun avec les Marchands & Négocians de Fescamp & Saint Vallery en Caux, celui rendu le 27 Janvier précedent, en faveur des Habirans d'Honfleur; en conséquence permet ausdits Marchands & Négocians de Fescamp & Saint Vallery, dont les Vaisseaux seront du port de quatre-vingt Tonneaux & au-dessus, de prendre le Sel nécessaire pour la salaison de la Moruë de leur pêche, dans les Ports de Bretagne, à l'exception des Isles de Bouin & de Noirmoutier, à la charge par eux de faire aux Bureaux des Fermes les déclarations & soumissions requises par l'Ordonnance de 1680. Ordonne qu'en exécution des Lettres Patentes du mois d'Avril 1717. les Droits de Brouage ne seront perçûs ni sur les Sels qui se tireront de Bretagne, destinés pour la salaison de la pêche, ni sur ceux qui seront enlevés à l'avenir de Brouage pour la même destination, lesquels seront exempts desdits Droits, sans cependant que l'on puisse repéter les Droits qui ont été ci-devant perçûs, & que les Arrests & Lettres Patentes des 3 & 15 Février 1722. & autres rendus concernant la pêche des Moruës & autres Poissons, seront exécutés selon leur forme & teneur.

Du 25 Aoust 1739.

Arrest du Conseil, qui déboute les Religieuses du Monastere de Reinting de leurs demandes, & ordonne l'exécution de celui du 31 Mars 1739. rendu contradictoirement entre elles & le Fermier de la Saline de Moyenvic, par lequel il a été fait un Reglement pour les Bois appartenans ausdites Religieuses, & qui sont affectés à l'usage de ladite Saline par l'Arrest du 15 Juillet 1732. & les précédens.

Du 25 Aoust 1739.

* Arrest du Conseil, qui déboute les Mayeurs & Echevins de la Ville de S. Pol en Artois de leur demande en opposition par eux formée à ceux des 21 Juin 1723. 27 Juin 1724. & 3 Mars 1739. servans de Reglemens sur la prohibition des Entrepôts & amas de sel & fixe dans ladite Ville, la quantité de sel que les Habitans peuvent avoir pour leur provision, & l'obligation au Juge du lieu d'accompagner les Employés dans leurs visites.

Du premier Septembre 1739.

Arrest du Conseil, qui ordonne que dans les Etats des Gabelles de Languedoc qui seront arrêtés pour les années 1740. 1741. 1742. 1743. 1744. 1745. 1746. 1747. 1748. & 1749. il sera fait fonds de la somme de 9947. liv. 10 sols, sçavoir 9647 liv. 10 s. pour le montant de l'entretien des Canaux de Silvereal, Bourgidon & la Radelle, des Réservoirs & du prolongement du Canal de la Radelle, laquelle somme sera payée & délivrée par le Fermier des Gabelles à l'adjudicataire de l'entretien desdits Canaux sur les Ordonnances de M. de Bernage Conseiller d'Etat, Commissaire départi en ladite Province de Languedoc, & 300 liv. liv. pour les journées que l'Ingénieur commis à l'inspection employera à la visite d'iceux, laquelle somme lui sera aussi payée sur les Ordonnances particulieres dudit sieur de Bernage.

Du premier Septembre 1739.

Arrest du Conseil, qui liquide à la somme de 73028. liv. 17 sols 11 den. l'indemnité dûe à Nicolas Desboves adjudicataire général des Fermes dont les Gabelles & Salines de Franche-Comté font partie, pour le supplément du prix des sels par lui fournis aux

Cantons Suisses Catholiques en conséquence des Traittes, & au Chapitre de Besançon pour la sixiéme & derniere année de son Bail commencée au premier Octobre 1737. & finie au dernier Novembre 1738. pour valeur de laquelle somme il lui sera délivré une Ordonnance de comptant sur le Garde du Trésor Royal en exercice, laquelle sera par lui payée en une quittance comptable à la décharge du prix du Bail dudit Desboves en vertu dudit Arrest seulement; Et seront les quittances des Cantons Suisses, & du Chapitre de Besançon, avec les deux certificats du sieur de Courteille Ambassadeur en Suisse, le tout au nombre de 12 Piéces énnoncées à la minute dudit Arrest, & déposées au Greffe du Conseil pour y avoir recours si besoin est.

Du premier Septembre 1739.

Arrest du Conseil, qui ordonne que nonobstant les défenses portées par les Commissions des Tailles, d'imposer autres & plus fortes sommes que celles y contenues, il sera imposé sur tous les habitans de la Paroisse de Soix-l'Eglise, la somme de 67 l. 16 s. 7 den. par un Rolle particulier fait au Marc la livre de l'impôt du sel de l'année 1739. par les nommés Jean Dollet & Vincent Duplaix, qui en feront le recouvrement, pour leur tenir lieu de pareille somme par eux avancée y compris les frais à l'occasion de l'insolvabilité du nommé Jean Valué, Collecteur de l'Impôt du sel de ladite Paroisse pour l'année 1737. lequel Rolle sera vérifié & rendu exécutoire par ledit sieur Commissaire départi ou par son Subdelegué.

Du 7 Septembre 1739.

* Département de Messieurs les Fermiers Généraux, pour le service des Fermes Royales-unies pendant la deuxiéme année du Bail de Me. Jacques Forceville.

Du 8 Septembre 1739.

Arrest du Conseil, qui ordonne que par le sieur le Nain, Intendant & Commissaire départi pour l'exécution des Ordres de Sa Majesté en la Généralité de Poitiers, il sera constaté une ligne la plus directe que faire se pourra, depuis le Port de la Claye jusques à la Pommeraye, & de la Pommeraye jusques à Tiffauges, pour former les Limites des Droits de la Traite Charente, avec un état tant des Paroisses qui au moyen de cette ligne seront dans les quatre lieues des Rivieres du Lay & de la Sevre Nantoise du côté du pays exempt, & qui suivant les Reglemens ne devront jouir du privilege ou exemption des Droits pour le sel de leur provision, qu'en prenant des congés & observant les autres formalités prescrites par l'Art. XXXII. de la déclaration du 3 Septembre 1726. que des Paroisses sujettes aux droits qui se trouveront dans la même distance de l'autre côté desdites Rivieres, ensemble un état des Salorges ou Magasins de sel qu'il sera jugé nécessaire de conserver pour la commodité du Public dans lesdites quatre lieues du côté du pays exempt à l'exclusion de toutes autres, à condition que lesdites Salorges ne pourront être à moins de distance que d'une lieue des Limites, de tout quoi il sera dressé Proces-verbal en présence d'un Préposé de l'adjudicataire des Fermes, pour le tout rapporté avec l'avis dudit sieur Commissaire départi, être par Sa Majesté ordonné ce qu'il appartiendra, permet audit sieur le Nain de commettre pour les opérations ci-dessus, telle personne capable qu'il jugera à propos.

Du 8 Septembre 1739.

* Arrest du Conseil, qui renvoye pardevant Messieurs les Commissaires du Conseil pour les affaires des Gabelles, cinq grosses Fermes, Tailles & autres affaires des Finances, une Instance pendante entre les Fermiers Généraux des Fermes-unies, & les Sous-Fermiers des Aydes de la Généralité d'Amiens d'une part; les Etats de la Province d'Artois d'autre part, & les Seigneurs & Habitans des Paroisses de Werton, Brimeux, Merlimont, Grofflier, Saint Aubin, Berk, Waben, Wailly, l'Epinoy, la Cense de Beaucamp, Noyelle, & autres Paroisses enclavées de Picardie en Artois, & d'Artois en Picardie, pour raison des priviléges & prétentions respectives des Parties.

Du 15 Septembre 1739.

Arrest du Conseil, qui du consentement des Intéressés au Bail de Jacques Forceville, admet M. Caze le fils dans la Ferme générale, sur la démission de M. son pere.

Du 15 Septembre 1739.

Arrest du Conseil, qui ordonne l'exécution de deux Sentences rendues par les Officiers du Grenier à sel de Bernay le 27 Juillet 1737. par lesquelles les nommés Jean Corbin & Jean Touzey Mégissiers en la Ville de Bernay, ont été condamnés en 200 liv. d'amende chacun pour saisie de sel immonde trouvé chez eux, & sans tirer à conséquence, décharge lesdits Corbin & Touzey, des amendes contr'eux prononcées par lesdites Sentences, leur fait défenses & à tous autres Mégissiers, de se servir à l'avenir de sel immonde, sous les peines portées par les Ordonnances, & les condamnent aux dépens faits tant devant lesdits Officiers du Grenier à Sel de Bernay, qu'en la Cour des Aydes de Rouen.

Du 15 Septembre 1739.

Arrest du Conseil, qui ordonne l'exécution de celui du 11 Aoust précedent, par lequel le sieur Levet Commissaire du Conseil à Valence, a été commis pour instruire & juger le Procès aux nommés Jacques Rey & Jean Pouzat & autres Particuliers faisant partie d'une bande de Faux-Sauniers qui a assassiné le 12 Juin 1739. un Employé de la Brigade des Fermes de S. Priest Laprune, leurs complices, fauteurs, participes ou adhérans, en appellant avec lui le nombre d'Officiers ou Gradués requis par l'Ordonnance, & en interprétant en tant que de besoin, ledit Arrest autorise ledit Levet & les Subdelegués qu'il pourra commettre pour l'instruction de l'affaire en question, à rendre seuls & sans appeller le nombre d'Officiers ou Gradués requis par l'Ordonnance tous les Jugemens à l'extraordinaire qu'il conviendra, même ordonner les récollemens & confrontations ſuivant l'éxigence des cas, & faire toutes inſtructions juſqu'à Jugement diffinitif excluſivement.

Du 29 Septembre 1739.

Arreſt du Conſeil, portant qu'il ſera impoſé ſur tous les Habitans de la Paroiſſe d'Epineuil, la ſomme de quatre-vingt-dixneuf livres quatorze ſols quatre deniers, & ce par un Rolle particulier au Marc la livre de l'Impôt du ſel de l'année 1739. par les nommés Louis de Biſe, Antoine Peron, Gilbert Peron, & Claude Biſſonniere Habitans de ladite Paroiſſe d'Epineuil, qui en feront le recouvrement pour leur tenir lieu de pareille ſomme par eux avancée y compris les frais faits à l'occaſion de l'inſolvabilité du nommé Barthelemy Metenier Collecteur de l'Impôt de la même Paroiſſe de l'année 1737. lequel Rolle ſera vérifié & rendu exécutoire par le ſieur Commiſſaire departi, ou par ſon Subdelegué.

FIN.

TABLE
DES EDITS, DECLARATIONS,
ARRESTS ET REGLEMENS,
Rendus pendant la premiere année du Bail de Me JACQUES FORCEVILLE,

Commencée le premier Octobre 1738. *& finie le dernier Septembre* 1739.

CONCERNANT les Aydes, Entrées, Pied-fourché & Droits y joints; Papier & Parchemin timbrés; Domaine & Barrage & Poids-le-Roy; Domaines de Flandre; Marque d'Or & d'Argent; Marque des Fers; Impôts & Billots de Bretagne; Droits sur le Poisson; Droits rétablis aux Entrées & sur les Ports, Quays, Halles, Places & Marchés de la Ville & Fauxbourgs de Paris, & aliénés aux Officiers créés par Edit du mois de Juin 1730. Inspecteurs aux Boucheries & des Boissons; Courtiers, Commissionnaires & Jaugeurs de Futailles; Droits appartenans à la Ville de Paris, à l'Hôpital Général, & à l'Hôtel-Dieu, &c.

Du 17 *Novembre* 1737.

RESULTAT du Conseil, portant Bail des Fermes génerales-unies à Jacques Forceville pour six années, à commencer du premier Octobre 1738. pour les Gabelles, Cinq grosses Fermes, Aydes & Droits y joints, & du premier Janvier 1739. pour les Domaines, Con-

trolle des Actes, &c. aux prix, charges, clauses & conditions y contenuës.

Du premier Juillet 1738.

* Arrest du Conseil, pour la prise de possession du Bail des Fermes générales-unies, sous le nom de Jacques Forceville pendant six années, à commencer du premier Octobre 1738. pour les grandes & petites Gabelles; Droits manuels sur les Sels; Gabelles des trois Evêchés; Domaines & Gabelles de Franche-Comté, & Droit de Rehaussement sur le Sel dans ladite Province; Cinq grosses Fermes; Droits sur les Huiles & Savons; Aydes, Entrées de Paris; Impôts & Billots & Formule de Bretagne; Marque d'Or & d'Argent; Marque des Fers; Formule dans les Pays où les Aydes ont cours; Domaine, Barrage & Poids-le-Roy aux Entrées de Paris; Jauge & Courtage; Courtiers-Jaugeurs, Inspecteurs aux Boucheries & Boissons; Droits sur les Suifs a Paris & pour la Ferme du Tabac; & au premier Janvier 1739. pour les Domaines de France, Controlle des Exploits; Domaines de Flandre, Haynault, Artois, Alsace; Principauté d'Orange & Duché de Châteauroux; Controlle des Actes; Sceaux & Insinuations Laïques; Greffes, Amortissemens, Francs-Fiefs; Formules dans les Provinces où les Aydes n'ont point cours; nouvelle Formule des Notaires de Paris; Droits reservés dans les Cours & Jurisdictions du Royaume; Gages intermédiaires; Domaines d'Occident en France; Droits casuels réünis au Domaine, & autres Droits compris au Bail dudit Forceville; deux & quatre sols pour livre de ceux de tous lesdits Droits qui y sont sujets.

Permet audit Forceville & à ses Soû-Fermiers de se servir des Timbres actuellement en usage.

Dispense les Employés qui ont prêté Serment pendant les précédens Baux & Soû-Fermes, de le prêter de nouveau; leur permet de verbaliser dans le Ressort des Jurisdictions où ils pourront se trouver; défend aux Juges d'annuller leurs Procès-verbaux, sous prétexte que leurs noms ne se trouveroient point inscrits dans un Tableau déposé au Greffe de leur Jurisdiction.

Permet audit Forceville & à ses Soû-Fermiers d'entretenir ou de résilier les Baux à loyer des Maisons & Greniers; ensemble les Abonnemens, Traités & Marchés qui peuvent avoir été ci-devant faits par les précédens Fermiers & Soû-Fermiers, de partie desdites Fermes & Droits.

Régle les Droits d'Enregistrement du présent Arrest, & ceux de reception & prestation de Serment des Employés; & ordonne que les Réglemens rendus au profit des précédens Fermiers, seront exécutés en faveur dudit Forceville & de ses Soû-Fermiers, comme s'ils avoient été rendus sous leurs noms.

Du 16 Septembre 1738.

* Bail des Fermes Royales unies fait à Jacques Forceville pour six années, à commencer pour les Gabelles, Cinq grosses Fermes; Aydes, Entrées, Tabac, Papier & Parchemin timbrés des Provinces où les Aydes ont cours, & autres Droits y joints, le premier Octobre 1738. & pour les Domaines de France & d'Occident; Controlle des Actes des Notaires; Greffes, Amortissemens; Droits reservés dans les Cours & Jurisdictions, & Droits y joints, le premier Janvier 1739. *Registré où besoin a été.*

Octobre 1738.

* Edit du Roy, *Registré en la Cour des Monnoyes le 5 Novembre* 1738. Portant qu'il sera fabriqué de nouveaux Sols de vingt-quatre deniers; fixe au quarantiéme la quantité desdits Sols qui doivent entrer dans les payemens; défend de mettre aucunes menuës Monnoyes dans les sacs d'Argent, & de mettre plusieurs sortes d'Espéces dans un même sac; ordonne qu'il ne sera fait des sacs que de 1200 liv. de 1002 liv. de 900 liv. & de 600 liv. sauf à être retenu ou rendu le prix des sacs sur les pieds fixés par l'Arrest du Conseil du 27 Janvier 1711.

Du 7 Octobre 1738.

Arrest du Conseil, qui ordonne que la régie & recouvrement des droits d'Aydes & Piedfourché de Versailles, continueront d'être faits par Jacques Forceville adjudicataire de la Ferme génerale pendant le cours de son Bail, & que toutes les Instances pour raison de la perception desdits droits seront portées pardevant le Bailly de ladite Ville, sauf l'appel en la Cour des Aydes conformément à l'Arrest du Conseil du 18 Aoust 1674. & aux Lettres Patentes expediées sur icelui, enregistrées en ladite Cour le 15 Septembre audit an, & ordonne en outre que les comptes desdits droits seront rendus par ledit Forceville par chacune année en la maniere accoutumée.

Du 21 Octobre 1738.

* Arrest du Conseil, qui ordonne que l'Art. IX. du titre des anciens & nouveaux cinq sols de l'Ordonnance des Aydes du mois de Juin 1680. la déclaration du 4 Mai 1688. & l'Arrest du Conseil du 26 Aoust 1738. seront executés selon leur forme & teneur, en conséquence sans s'arrêter à l'Arrest de la Cour des Aydes du 5 Septembre 1738. déclare les Vendanges & autres choses saisies sur les nommés Pierre Besnard, Gabriel le Comte & Simon Jouanneau, Habitans du Village & Paroisse de Villebaron dépendans de l'Election de Blois, acquis & confisqués au profit du Fermier, & les condamne chacun à leur égard en trois livres d'amende pour chacun muid de Vin qu'ils ont fait enlever sans déclaration de la Paroisse de S. Honoré de la Ville de Blois sujette aux droits, & qu'ils ont fait conduire dans la Paroisse de Villebaron non sujette aux droits; les condamne pareillement aux frais faits, tant en l'Election de Blois qu'à la Cour des Aydes, ordonne la restitution des dépens, & que ledit Arrest, ensemble celui du 26 Aoust 1738. seront enregistrés sans frais au Greffe de ladite Election de Blois, publié & affiché par tout où besoin sera, & exécuté nonobstant oppositions ou empêchemens quelconques pour lesquels ne sera differé.

Du 4 Novembre 1738.

* Arrest du Conseil, qui ordonne l'exécution de l'Edit du mois d'Avril 1708. & des Arrests du Conseil des 19 Mai 1711. 26 Mai & 25 Juillet 1713. 12 Fevrier 1715. 22 Fevrier & 28 Octobre 1718. 9 Novembre 1734. & 19 Juin 1736. en conséquence que tous les Procès & contestations dans lesquels les Officiers de la Communauté des Jurez Controlleurs Vendeurs de la Volaille & Gibier à Paris, seront Parties tant en demandant, défendant,

ou comme intervenans, pour raison de la Volaille, Gibier, &c. saisies desdites Marchandises, perception de leurs droits, circonstances & dépendances, continueront d'être portées pardevant le sieur Lieutenant Général de Police de la Ville de Paris, comme Commissaire du Conseil en cette partie, & que les appels des Jugemens & Ordonnances rendus par ledit sieur Lieutenant Général de Police, seront directement portés au Conseil de Sa Majesté, à peine de nullité, cassation de Procedures, mille livres d'amende & de tous dépens, dommages & intérests.

Du 25 Novembre 1738.

* Ordonnance des Prévôt des Marchands & Echevins de la Ville de Paris, portant que du jour de sa publication, tous Propriétaires ou Commissionnaires de Marchandises qui seront voiturées des Provinces au-dessus de cette Ville, & dont la décharge peut être faite sur les Ports d'icelle, seront tenus de les ôter & faire ôter des Batteaux & de les déposer sur lesdits Ports, à l'instant qu'elles y seront arrivées, & celles qui seront dans les Batteaux du dehors, par préférence à celles qui seront dans les Batteaux d'Avau-terre, sans que les mêmes Marchands ou Commissionnaires puissent en vuider plusieurs à la fois, mais seulement les uns après les autres, en y employant par eux un nombre suffisant de Gagnedeniers, pour être ensuite lesdits Batteaux vuides remontés successivement & dans le jour qu'ils auront été vuidés, par les Marchands Voituriers par eau dans les lieux de leur destination, & où ils doivent être remis en charge; le tout à peine contre lesdits Propriétaires ou Commissionnaires desdites Marchandises & Marchands Voituriers par eau de 500 liv. d'amende & de confiscation desdites Marchandises & Batteaux.

Du 25 Novembre 1738.

* Arrest de la Cour des Aydes, qui proroge jusqu'au 15 Décembre 1738. le délai accordé par celui de ladite Cour du 5 Septembre précédent, à Jacques Forceville adjudicataire des Fermes générales pour l'enregistrement de son Bail, & l'autorise à faire la régie desdites Fermes & perception des droits en dépendans.

Du 25 Novembre 1738.

Arrest du Conseil, qui ordonne qu'à la premiere réquisition du Fermier, le sieur Vicomte Danizy sera tenu de faire rétablir à ses frais la Barriere qui avoit été construite sur la Riviere d'Ingon en Picardie qu'il a fait rompre & détruire, & de la remettre au même état, où elle étoit avant de la faire briser à peine d'y être contraint par toutes voyes dûës & raisonnables comme pour deniers Royaux, sauf à lui à se pourvoir, pardevers le Roi pour l'indemnité qu'il peut prétendre contre l'adjudicataire de ses Fermes.

Du 8 Décembre 1738.

* Lettres Patentes *régistrées au Parlement le 15 Janvier 1739.* qui confirment & autorisent le Reglement du même jour pour les Draps, Serges & autres Etoffes de Laine ou mêlées de Laine & de fil, qui se fabriquent dans la Généralité de Caën, contenant 90 articles, par le quatre-vingtiéme desquels il est ordonné que dans chaque Bureau de Fabrique & de Controlle, il sera tenu par les Gardes-Jurez en exercice des Fabriquans & des Marchands, un Registre en papier commun non timbré, cotté & paraphé sans frais par le Juge des Manufactures dans lequel lesdits Gardes-Jurés écriront de suite & sans aucun blanc ni interligne le nombre des Piéces de Draps & autres Etoffes qu'ils auront visitées chaque jour en distinguant la qualité desdits Draps & autres Etoffes, les noms des Fabriquans ou des Marchands qui les auront présentés à la visite, & celles qu'ils auront marquées de celles qu'ils auront saisies à peine de 20 liv. d'amende applicable moitié au Roi & l'autre moitié au profit des Pauvres; Et par le 89e. il est dit que les Juges des Manufactures ne pourront prendre aucuns Droits ni Epices pour les Jugemens qu'ils rendront, & que le Greffier ne pourra éxiger plus de 2 sols par feuillet des Sentences qu'il expédiera.

Du 16 Décembre 1738.

* Arrest du Conseil, qui permet à Antoine Jacques, Bourgeois

de Paris, de changer au premier Janvier 1739. le timbre particulier des Papiers & Parchemins servans aux Notaires du Châtelet de Paris ; à l'effet de quoi sera tenu ledit Antoine Jacques, d'avoir ses Bureaux de distribution fournis des Papiers & Parchemins du nouveau timbre avant ledit jour premier Janvier, & d'indiquer lesdits Bureaux de distribution au Syndic des Notaires ; Ordonne que conformément aux offres de Nicolas Desboves & Jacques Forceville successivement adjudicataires des Fermes générales, ils seront tenus de reprendre les Papiers & Parchemins du timbre actuel à l'usage des Notaires au Châtelet de Paris, qui n'auront pas servi & qui seront rapportés dans leurs Bureaux de distribution, & d'en rembourser comptant & sur le champ le prix en entier sans aucuns frais, & ce pendant le courant d'un mois seulement, passé lequel tems lesdits Papiers & Parchemins sont déclarés nuls & de nulle valeur, & défend ausdits Notaires & à tous autres ayant droit de se servir desdits Papiers & Parchemins, de faire usage d'aucuns autres que de ceux du timbre dudit Antoine Jacques, à commencer du premier Janvier 1739. sous les peines portées par les Reglemens.

Du 19 Décembre 1738.

* Sentence de Police, qui renouvelle les défenses à tous Cabarretiers, Marchands de Bierre & d'Eau-de-Vie & aux Limonadiers, de donner à boire après les heures prescrites par les Ordonnances & Reglemens de Police ; Et condamne en cent livres d'amende le nommé le Comte Marchand de Vin, pour y avoir contrevenu.

Du 19 Décembre 1738.

* Ordonnance des sieurs Prévôt des Marchands & Echevins de la Ville de Paris, concernant la conduite des Batteaux chargés de Grains & Farines pour la provision de cette Ville, avec injonction à tous Maîtres Chableurs & leurs Aydes, de passer lesdits Batteaux sous les Ponts par préférence à ceux chargés d'autres Marchandises.

Du 20 Décembre 1738.

* Ordonnance de M. de Harlay Conseiller d'Etat ordinaire, Intendant de la Généralité de Paris, qui sans avoir égard à la demande des Officiers & Habitans de la Ville de Vezelay, ordonne qu'ils seront tenus de payer à Jean Godefroy, Sous-Fermier des Aydes de la Généralité de Paris, les Droits en entier de leurs Boissons, demi-Vins & Piquettes tirées à clair, conformément aux Arrests du Conseil des 18 Mai 1700. 14 Décembre 1728. 5 Mars 1737. & autres Reglemens.

Du 28 Décembre 1738.

* Ordonnance de M. Bignon, Intendant de la Généralité de Soissons, qui condamne Louis Davanne Boucher demeurant à Saucy, & Louis Bazier aussi Boucher demeurant à Nanteuil sur Marne, en la confiscation des viandes mortes à raison de 70 liv. par Bœuf, & 12 liv. par paire de Moutons par eux vendus hors leur maison d'habitation, dans des lieux qui ne sont point sujets aux Droits d'Inspecteur aux Boucheries, & chacun en trois cens livres d'amende, & fait défenses aux Bouchers qui demeurent dans des lieux non sujets audits Droits, de vendre les viandes qu'ils abattent ailleurs que dans leurs maisons & demeures actuelles, & de les porter vendre au dehors de leur domicile, si ce n'est dans les lieux sujets aux Droits, à peine contre les contrevenans, de confiscation & de 300 liv. d'amende.

Du 30 Décembre 1738.

* Arrest du Conseil, portant Reglement pour le Corps & Communauté des Marchands de Vin de Paris, au sujet des Droits de réception dans la Communauté, de ceux de visite, de la tenue des Registres de délibérations & de recette du produit des Droits de réception & de visites, contenant 11. Articles, &c.

Du 16 Janvier 1739.

* Sentence des Prévôt des Marchands & Echevins de la Ville de Paris, qui condamne Edme & Nicolas Phildier Marchands de Bois Forains associés, en 500 liv. d'amende pour avoir fait à Corbeil le 7 Mars 1738. une Lettre de Voiture pour Marchandises à l'adresse de Silvain Dieudonné, aussi Marchand de Bois à Paris, quoiqu'elles fussent Parties du Port de Combreux dès le 16 Février précédent, & qui leur fait défenses de récidiver sous plus grandes peines.

Du 26 Janvier 1739.

* Ordonnance des Prévôt des Marchands & Echevins de la Ville de Paris, qui enjoint aux Maîtres des Ponts & à leurs Aydes sur les Rivieres de Seine & d'Oise, de passer par préférence les Batteaux chargés des Denrées nécessaires pour la subsistance de cette Ville pendant le Carême.

Du 11 Février 1739.

* Déclaration du Roi, concernant le recouvrement des Gages intermédiaires & le payement du montant des abonnemens des Droits de Courtiers Jaugeurs & d'Inspecteurs aux Boucheries & des Boissons, ceux pour les Huiles & Savons & ceux de nouvel-acquest ou usage dûs par les Communautés Laïques, au profit de Jacques Forceville, *registrée où besoin a été.*

Des 25 Janvier & 31 Aoust 1736. & 21 Février 1739.

* Trois Arrests contradictoites de la Cour des Aydes, dont les deux premiers déboutent, conformément à l'Article X. de la Societé, les héritiers Monmerqué de leur demande en communication des Piéces justificatives du compte de Societé des quatre premieres années de la Ferme des Aydes, Domaines & Inspecteurs aux Boissons de l'Election d'Orléans, dans laquelle feu

leur pere étoit intéressé, & de leur demande en communication des Registres Journaux du Caissier, & les condamnent aux dépens ; & le troisiéme déclare lesdits héritiers Monmerqué non-recevables & mal fondés dans leurs demandes résultantes des Observations & Apostilles par eux mises sur ledit compte de Societé, par lesquelles ils avoient augmenté la recette & diminué la dépense, dont ils sont déboutés, ordonne que les termes injurieux de dol & de fraude mentionnés dans les Ecritures & Mémoires imprimés desdits Monmerqué, seront & demeureront supprimés ; condamne le sieur Monmerqué l'aîné aux dépens envers lesdits sieurs de la Haye, Chalmette & Masson, pour tous dommages & intérêts ; condamne pareillement les autres héritiers Montmerqué envers lesdits sieurs de la Haye, Chalmette & Masson, & tous lesdits sieurs Monmerqué aux dépens envers la Veuve Tessier & le sieur Randon, même en ceux de sommations, dénonciations & contresommations & en ceux réservés.

Du 24 Février 1739.

Arrest du Conseil, qui ordonne que les intérests de la somme de 741 liv. 2 sols 6 den. à laquelle par l'Arrest du 23 Mars 1734. a été liquidé le prix d'un Terrain appartenant au sieur Borde, sur lequel ont été construits au bout du Cours plusieurs Bureaux & Logemens pour les Commis des Fermes, seront payés audit sieur Borde, à compter du 14 Aoust 1733. date de l'Ordonnance du sieur de Harlay Intendant de la Généralité de Paris, dont l'exécution est ordonnée par ledit Arrest du 23 Mars 1734. jusqu'au parfait payement de ladite somme capitale de 741 liv. 2 s. 6. den. sur les Ordonnances dudit sieur de Harlay, par Nicolas Desboves ci-devant adjudicataire des Fermes générales, auquel il en sera tenu compte sur le prix de son Bail, en rapportant ledit Arrêt avec les Ordonnances & Quittances sur ce suffisantes.

Du 28 Février 1739.

* Sentence des Prévôt des Marchands & Echevins de la Ville de Paris, qui condamne le nommé la Croix Marchand de

Vin, en cent livres d'amende, pour n'avoir pas voulu faire entrer dans la Halle aux Vins, les Vins qu'il avoit sur le Port de ladite Halle, & lui ordonne de les y faire entrer dans le jour, sinon qu'ils y seront conduits à ses frais & dépens.

Du 3 Mars 1739.

* Arrest du Conseil, qui ordonne conformément aux Arrests rendus pour le Bail de Domergue, & les suivans, que Nicolas Desboves, & ses cautions ci-devant Fermiers généraux des Fermes-unies, ne pourront être assignés qu'en leur domicile à Paris, ni traduits ailleurs qu'en la Cour des Aydes de ladite Ville, pour raison desdites Fermes, & déclare nulles toutes assignations qui leur seroient données ailleurs.

Du 3 Mars 1739.

* Arrest du Conseil, qui ordonne conformément aux Arrests & Lettres Patentes des 4 11 & 30 Avril 1699. 20 Mars 1708. 14 Aoust 1717. 17 Février 1719. 21 Juin 1721. 9 Novembre 1728. & 11 Novembre 1732. Que tous les Exploits de saisies, oppositions ou empêchemens à la délivrance & payement des sommes assignées & employées dans les Etats du Roi expediées pour la distribution de deniers; remboursemens des avances des Fermiers, & tous autres remboursemens, charges & dépenses concernant la régie desdites Fermes, seront visés & paraphés sans frais par le sieur Gaultier Receveur général du Bail de Forceville, tant celles faites depuis le premier Octobre 1738. que celles qui seront faites par la suite; Déclare nuls tous Exploits de saisies, oppositions ou empêchemens qui n'auront point été visés & paraphés par ledit Gaultier. Ordonne en outre que ledit Arrest sera signifié à la Communauté des Huissiers & Sergens, tant des Cours supérieurs que du Châtelet de Paris & autres Jurisdictions, à ce qu'il n'y soit contrevenu à peine contre lesdits Huissiers & Sergens, d'être responsables des évenemens en leurs propres & privés noms, & de 500 liv. d'amende.

Du 3 Mars 1739.

Arrest du Conseil, qui par grace & sans tirer à conséquence, permet aux sieurs Cioia, Desforges, Martin & Compagnie, Entrepreneurs des Mines de Charbon de Terre du Boulonnois, de retirer de Paris environ 60 Voyes de Charbon provenant desdites Mines qui sont actuellement au Port S. Nicolas devant le Louvre, pour les faire passer à la Chaussée près Marly, sans que pour raison de ce, lesdits Entrepreneurs soient tenus de payer le droit de quatorze sols six deniers par Minot attribué par l'Edit des mois de Juin 1730. aux Propriétaires des Offices de Mesureurs & Porteurs de Charbon de Terre, à la charge par lesdits Entrepreneurs, & conformément à leur offre de payer six livres par jour à celui qui sera commis par lesdits Officiers pour accompagner ledit Charbon depuis Paris jusqu'au lieu de sa destination.

Du 4 Mars 1739.

* Sentence des Prévôt des Marchands & Echevins de la Ville de Paris, qui condamne les Officiers Mesureurs & Porteurs de Grains, chacun en droit soi, à rendre & restituer la somme de 41 liv. 14 sols induëment perçûe pour leurs Droits de trois muids d'Avoine arrivés pour la provision des Chevaux du sieur Grassin Baron d'Arcy sur Aube, Directeur général des Monnoyes de France, nonobstant les certificats par lui fournis ausdits Officiers; & qui autorise ledit sieur Grassin, ainsi que les autres Bourgeois de cette Ville, à y faire arriver pour la provision de leurs Chevaux, les Avoines provenuës de leur crû & redevances non données à Ferme, sans que lesdits Officiers pûssent prétendre aucun droit sur icelles.

Du 18 Mars 1739.

* Arrest de la Cour des Monnoyes, portant défenses de fabriquer, vendre & débiter aucun or & argent faux filé sur soye, ni aucun ouvrage de cette nature.

Du 20 Mars 1739.

* Sentence de Police, qui déclare bonne & valable une saisie faite de huit piéces de Toile, à la Requeste des Officiers Auneurs & Visiteurs de Toiles sur le nommé Antoine Mairé. Lui fait défenses & à tous autres de vendre aucune Toile dans la Ville, Faux-bourg & Banlieuë de Paris, qu'après en avoir payé les Droits dûs ausdits Officiers en leur Bureau à la Halle aux Toiles à Paris. Défend pareillement à tous Hôtelliers, Aubergistes, Cabarretiers & autres, de recevoir chez eux aucune Toile, qu'il ne leur soit apparu du payement des Droits

Du 24 Mars 1739.

Arrest du Conseil, qui déclare les Bois que le sieur Sandrier a fait descendre par la Marne au-dessous du Pont de Charenton, & remonter directement par la Seine jusqu'à Fontainebleau, exempts de tous Droits prétendus par les Officiers sur les Bois quarrés, & en conséquence enjoint ausdits Officiers de rendre audit Sandrier la soumission par lui faite au sujet des Droits sur lesdits Bois.

Du 24 Mars 1739.

Ordonnance de M. l'Intendant de Paris, qui en exécution des Arrests du Conseil des 13 Février 1731 & 26 Janvier 1734. fixe la consommation des Boissons de plusieurs Habitans des Paroisses de Tournans la Madelaine & Fontenay en Brie, & condamne lesdits Habitans au payement des Droits de détail de celles desdites Boissons qui ont été consommées chez eux au-delà de ladite fixation.

Du 19 Avril 1739.

* Déclaration du Roi, *régistrée en la Cour des Monnoyes le 17 Juin 1739.* qui prononcee des peines contre ceux qui abuseront des Poinçons de Contremarque de l'Orfévrerie; contenant trois Articles.

Du 21 *Avril* 1739.

Arrest du Conseil, qui déboute les Habitans du Bourg de Licque de l'appel par eux interjetté de l'Ordonnance de M. Chauvelin, Intendant de la Généralité d'Amiens du 18 Janvier 1730, qui les a déclarés sujets aux Droits de Courtiers Jaugeurs, & assujettit lesdits Habitans ausdits Droits, comme faisant partie de la Généralité d'Amiens, conformément à ladite Ordonnance qui sera exécutée selon sa forme & teneur.

Du 23 *Avril* 1739.

Arrest de la Chambre des Comptes de Paris, portant que l'Article XVIII. de l'Ordonnance du mois d'Août 1669. sera executé, & que conformément à icelui, les Comptes des deniers communs & d'octrois qui seront rendus pour moins d'années que le délai prescrit par l'Ordonnance, seront présentés après l'année expirée qui suivra celle du dernier exercice, dont il sera compté à peine d'amendes portées par les Ordonnances.

Du 28 *Avril* 1739.

* Sentence des Prévôt des Marchands & Echevins de la Ville de Paris, qui condamne Louis Clément Marchand de Vin de ladite Ville en 500 liv. d'amende, pour avoir différé 12 jours à faire décharger & enlever trois Batteaux de Vin qu'il avoit au Port de la Halle aux Vins, lui ordonne de les décharger dans le jour & d'en remettre le tiers sur l'Etape; sinon qu'ils seront déchargés & enlevés à ses frais, pour le remboursement desquels sera vendu partie de ladite Marchandise.

Du 29 *Avril* 1739.

* Sentence des Prévôt des Marchands & Echevins de Paris, qui condamne le nommé Daulnay Marchand à Arcis en 1000 liv. d'amende, pour avoir vendu de la Marchandise d'Avoine au Port de Choisy-Mademoiselle, au lieu de la faire voiturer au

Port de la Grêve de cette Ville lieu de sa destination, confisque au profit de l'Hôpital Général le prix de ladite Marchandise, & défend audit Daulnay de récidiver.

Du 5 Mai 1739.

* Arrest du Conseil, qui renvoye pardevant les Juges de la Monnoye de Rouen, les contestations au sujet de la Jurande de l'Orfévrerie du Havre de Grace. Maintient la Cour des Monnoyes & les Juges y ressortissans dans leur Jurisdiction privative sur les Orfévres; casse & annulle l'Arrest du Parlement de Rouen du 12 Avril 1734. qui les avoit troublés; & fait défenses audit Parlement & à tous Juges d'en connoître.

Du 5 May 1739.

* Sentence de Messieurs le Prevost des Marchands & Echevins de la Ville de Paris, qui condamne les nommés Fournier, Marchand de Vin à Paris, Pierre Langlois, dit Jetenpaye, Maître de Berge, & Berger & Chaillot, Compagnons de Riviere; sçavoir, ledit Fournier en 500 liv. d'amende, pour avoir fait lâcher un Bateau chargé de Vin au Port de Bellefonds avant son rang d'arrivage, au préjudice des autres Marchands; & lesdits Langlois, dit Jetenpaye, Berger & Chaillot, chacun en 100 liv. aussi d'amende, pour s'être immiscés au lâchage dudit Bateau, & qui leur fait défenses à tous de récidiver, sous plus grandes peines.

Du 5 May 1739.

* Sentence de Messieurs le Prevost des Marchands & Echevins de la Ville de Paris, qui condamne Sebastien Targe, Marchand de Vin Forain, en 200 liv. d'amende, pour avoir donné un Broc de Vin aux Soldats des Gardes-Françoises de la Compagnie de Vatan, qui avoient roulé les Tonneaux de ladite Marchandise pour lui arrivée, & déchargée au Port de la Halle; & lui fait défenses de récidiver, sous plus grandes peines.

Du 8 May 1739.

* Arrest de la Cour des Aydes, qui confisque au profit d'Antoine Dubost, Sous-Fermier des Aydes & Droits y joints de la Généralité de Paris, sur Michel de Nesvres, Receveur de la Terre & Seigneurie de Bazarnes, Election de Tonnerre, quatre demies Queuës, & quatre-vingt-douze Feüillettes de Vin du crû dudit de Nesvres, & par lui venduës & enlevées sur des Congés délivrés au Bureau de Sainte Palaye, dans le Comté d'Auxerre, le condamne en vingt-cinq livres d'amende au profit du Roy, & aux trois quarts de tous les dépens, pour tous dépens, dommages & intérêts; ordonne que ledit Sieur de Nesvres sera tenu d'avoir un Registre de toutes les Commissions de Vins dont il pourra être chargé par la suite, conformément aux Réglemens; sur l'appel interjetté par François Duval & Bernard de Saint Martin, ci-devant Commis aux Aydes du Département de Vermenton, ensemble sur leur Requête, & sur l'extraordinaire, met les Parties hors de Cour, sans dépens; & sur l'appel interjetté par les nommés Billou, pere & fils, ensemble sur leur Requête, & sur l'extraordinaire, met les Parties hors de Cour: enjoint néanmoins ausdits Billou, d'être plus circonspects à l'avenir dans leurs fonctions de Buralistes, & les condamne aux dépens, solidairement avec ledit de Nesvres.

Du 2 Juin 1739.

* Arrest contradictoire du Conseil, qui condamne les Religieux Carmes, & Augustins de la Ville de Tours, au payement des Droits d'Aydes, pour tous les Vins & autres Boissons qu'ils feront entrer à Tours pour leur provision; & ordonne qu'ils ne pourront jouir d'autres Priviléges que de ceux accordés au Clergé de France par les Ordonnances des mois de Juin 1680. & Juillet 1681. & par la Déclaration du Roy du 16 Février 1715.

Du 14 Juin 1739.

* Déclaration du Roy, *enregistrée en la Chambre des Comptes, le*

le 3 *Juillet* 1739. qui régle la forme dans laquelle les Comptes de la régie des fonds des Hôpitaux doivent être rendus, contenant treize Articles.

Du 23 Juin 1739.

* Arrest du Conseil, qui ordonne l'exécution des Ordonnances des Aydes des mois de Juin 1680. & Juillet 1681. & de l'Edit du mois d'Aoust 1717. déboute les Officiers des Elections des Exemptions des Droits d'Aydes par eux prétendus; leur fait défenses d'exiger à l'avenir pour les frais d'enregistremens des Baux & Sous-Baux des Fermes, autres & plus grandes sommes que celles réglées par l'Article XXVI. du Titre des Publications, Encheres & Enregistremens des Baux de ladite Ordonnance de 1681. comme aussi d'exiger des Fermiers & Sous Fermiers des Aydes aucunes gratifications, sous quelque prétexte & en quelque forme & maniere que ce soit, à peine de concussion, sauf ausdits Officiers de se faire payer des Droits qui leur sont attribués pour les prestations de Serment des Commis des Fermes, & pour les Jugemens qu'ils rendent, conformément aux Ordonnances & Réglemens; & ordonne que ledit Arrest sera enregistré aux Greffes desdites Elections.

Des 27 Juin & 4 Juillet 1739.

* Sentences des Prévôt des Marchands & Echevins de la Ville de Paris, qui condamnent Claude Hugault Marchand de Fer à Paris, en trois mille livres d'amende, pour avoir passé pardevant Notaires à Charenton, trois Lettres de Voitures, portant qu'il a fait charger sur le Batteau de Nicolas Adam Voiturier par Eau de S. Dizier, des Fers pour le compte des sieurs Barabé, Rondet & de Seminel Marchands de fer à Rouen, au lieu d'avoir fait passer lesdites Lettres de Voiture au lieu du départ du Batteau, & lui fait défenses de récidiver sous plus grandes peines.

Du premier Juillet 1739.

* Sentence des Prévôt des Marchands & Echevins de la Ville

de Paris, portant Reglement pour la fixation du prix des Voitures par Eau, des Marchandises de bled, Avoine & de Fer destinés pour la provision de ladite Ville, & qui s'embarquent sur les différens Ports situés sur la Riviere de Marne; les salaires des Compagnons de Rivieres; les Loyers ou Avalages des Batteaux, & les défenses faites aux Voituriers de partir des lieux du chargement sans Lettres de Voitures passées pardevant Notaires sans aucun blanc, lesquelles contiendront la quantité de bleds, Avoines & Fers suivant les mesures desdits lieux, les poids, la qualité & le prix desdites Voitures, le lieu où les Marchandises auront été chargées, celui de la destination, le tems du départ, les noms des Marchands à qui elles seront envoyées, & des Commissionnaires qui en auront chargé les Voituriers, lesquels Voituriers seront tenus de rendre les Grains par mesures au Port de la Grêve, & les Fers par poids au Port S. Paul, avec injonction de faire viser lesdites Lettres de Voitures par le Maître du Pont au passage de Charenton, à peine de confiscation des Grains & Fers, & de 1000 liv. d'amende contre les Marchands, de pareille amende contre les Commissionnaires, & contre les Voituriers de pareille amende & de confiscation de leursdits Batteaux même pour la premiere fois, & d'interdiction du commerce, sans pouvoir y être rétablis contre les uns & les autres en cas de récidive, &c.

Du 14 Juillet 1739.

* Ordonnance de M. l'Itendant de la Rochelle, qui confisque au profit de Philippes Serant, Fermier des Aydes des Généralités de Poitiers & la Rochelle, cinquante cinq Barriques de Vin achetées sans déplacement par Pierre Drahonnet, Bruleur, Paroisse de Tonnay - Boutonne, du nommé Bonin, Agent de M. de la Bouvernel, faute par eux d'en avoir payé les Droits de Courtiers Jaugeurs, condamne ledit Drahonnet & par corps, de les représenter, ou d'en payer la valeur sur le pied de cinq cens cinquante livres, & encore solidairement & par corps avec ledit Bonin en l'amende de deux cens livres & aux dépens.

Du 15 Juillet 1739.

* Ordonnance de M. l'Intendant de la Rochelle, qui confisque au profit de Philippes Serant, Fermier des Aydes & Droits y joints des Généralités de Poitiers & la Rochelle, cent Barriques de Vin achetées par Pierre Favre, Jean Boulon, & Pierre Coustin, Bruleurs du Bourg de Lande, faute par eux d'en avoir payé les Droits de Courtiers Jaugeurs sous prétexte qu'il n'y a pas eû de déplacement, les Vins ayant été convertis en Eau-de-vie dans le lieu même de l'achat, les condamne solidairement & par corps de les représenter, ou d'en payer la valeur sur le pied de mille livres, en l'amende de deux cens livres & aux dépens.

Du 17 Juillet 1739.

* Sentence de Messieurs les Prévôt des Marchands & Echevins de la Ville de Paris, qui condamne Pierre Salmon Voiturier par Eau de Mareuil, & le nommé Martin Marchand de Fer à Paris, chacun en trois mille livres d'amende, pour avoir par ledit Salmon, passé pardevant Notaire à Lagny une Lettre de Voiture, portant reconnoissance d'avoir chargé sur son Batteau quatre Tonneaux de Clouds adressés audit Martin pour les faire passer de bout, quoiqu'il les eût chargés au Port de Mareuil, & ledit Martin, pour avoir fait passer par ledit Salmon ladite Lettre de Voiture à Lagny au lieu qu'elle devoit être passée à Mareuil, déclare nulle la Lettre de Voiture, & leur fait défenses de récidiver.

Du 17 Juillet 1739.

* Sentence de Messieurs les Prévôt des Marchands & Echevins de la Ville de Paris, qui condnmne Jean Cormont Maître de Berge en cinquante livres d'amende, pour avoir prêté son Bachot pendant une nuit, ou ne l'avoir tenu fermé au Port avec chaîne & cadenat, & avoir donné lieu à des Particuliers d'aller sur la Riviere, & n'avoir entretenu une Plaque sur chacun de ses côtés, contenant le Numero, au lieu d'une Plaque informe sans vestige de Numero, & qui lui fait défenses de récidiver.

Du 28 Juillet 1739.

* Arrest du Conseil, qui ordonne l'exécution de l'Article IV. du Titre des Droits sur la Bierre de l'Ordonnance de 1680. ainsi que de l'Arrest du Conseil du 22 Septembre 1722. déboute les Brasseurs de la Ville de Rocroy, de l'appel par eux interjetté d'une Ordonnance du sieur Commissaire départi en la Généralité de Châlons du 22 Avril 1739. qui sera pareillement exécutée suivant sa forme & teneur, & pour le refus fait par lesdits Brasseurs de se conformer à ladite Ordonnance, les condamne au payement de la somme de 50 liv. pour tenir lieu d'amende & de dommages & intérêts, & solidairement aux frais & coust dudit Arrest liquidés à 75 liv. & leur enjoint de souffrir les visites & exercices des Commis, sous les peines portées par les Reglemens.

Des 2 Septembre 1738. & 28 Juillet 1739.

* Arrests du Conseil, le premier en casse un de la Cour des Aydes de Rouen du 9 Aoust 1738. par lequel la Veuve Parisot & ses fils demeurans à Thussignoles, lieu non sujet aux Entrées, avoient été déchargés avec dépens de l'amende de trois cens livres, & de la confiscation de vingt-quatre Barils d'Eau-de-vie, prononcés contr'eux par Sentence contradictoire de l'Election de Conches du 8 Juin 1736. pour avoir sans aucune déclaration au Bureau du Fermier, & sous pretexte que les Chevaux étoient fatigués, reçû & placé dans un de leurs Celliers, lesdits vingt-quatre Barils qui ont été seulement réclamés par les nommés Dulong & Hubert Parties intervenantes, sous prétexte qu'ils étoient Commissionnaires des nommés Moneuil & Gosselin, demeurans à la Paroisse du petit Couronne, pour lesquels les Eaux-de-vie étoient destinées, suivant les congés rapportés, mais sans avoir été visés sur les Bureaux de la route; Ordonne l'exécution de l'Article IX. du Titre IX. de l'Ordonnance de 1680. & de l'Article III. des Lettres Patentes du 7 Juin 1707. & en conséquence, condamne la Veuve Parisot & ses fils solidairement avec lesdits Dulong & Hubert, à la confiscation & l'amende de trois cens livres portées par la Sentence des Elûs de Conches

du 8 Juin 1736. & aux dépens faits tant en l'Election qu'en la Cour. Le second déboute lesdits Dulong & Hubert, de leur opposition au susdit Arrest, & les condamne au coust d'icelui liquidé à soixante-quinze livres.

Du 29 Juillet 1739.

* Sentence rendue par les Prévôt des Marchands & Echevins de la Ville de Paris, qui condamne solidairement Pierre Rissé & Philibert Corpel, Marchands Voituriers par Eau de Nogent sur Seine, en trois mille livres d'amende, pour avoir mis à Port en resserre dans le second Bras de la Riviere d'Estampes, ayant son embouchure dans la Riviere de Seine, au-dessous du Pont de Corbeil, un Couplage de deux Bachots Margotas chargés d'Avoine, quoique lesdites Marchandises fussent destinées pour Paris & non pour celle de Corbeil, & les y avoir vendues à différens Particuliers, déclare bonnes & valables les saisies faites sur eux entre les mains d'aucuns desdits Particuliers, & desdits deux Bachots, Agrès & Ustanciles; ordonne que trois Muids un Septier, & dix-huit Boisseaux desdites Avoines, deux Sacs, & lesdits Bachots, Agrès & Ustenciles, seront amenés & mis au Port de la Grêve à Paris pour y être vendus à la Requeste du Procureur du Roi & de la Ville, & que les deniers qui en proviendront seront & demeureront confisqués; & pour avoir par le nommé Happé Minager de Corbeil, envoyé une mesure de Minot à bled sur lesdits Bachots, à l'effet du mesurage desdites Avoines, le condamne en mille livres aussi d'amende.

Du 3 Aoust 1739.

* Ordonnance contradictoire de M. l'Intendant de la Généralité de la Rochelle, qui confisque au profit du Fermier des Aydes sur Alexandre Michault, Marchand demeurant à Cherbonniere, cent douze Barriques d'Eau-de-vie par lui acherées de différens Particuliers, & par lui enlevées & vendues à d'autres sans en avoir payé les droits de revente, & le condamne par corps en l'amende de deux cens livres & aux dépens.

Du 10 *Aoust* 1739.

* Arrest du Conseil, qui ordonne que les Droits d'Octrois & Patrimoniaux de la Ville de l'Orient, continueront d'être perçûs & administrés par le Régisseur préposé par la Communauté de ladite Ville, & approuvé par M. l'Intendant de la Province de Bretagne, pendant une année à commencer du premier Septembre 1739. jusqu'au premier Septembre 1740. ainsi & de la même maniere qu'ils l'ont été depuis leur établissement, & que l'Arrest du Conseil du 29 Juin 1738. sera exécuté suivant sa forme & teneur.

Du 11 *Aoust* 1739.

* Arrest du Conseil d'Etat du Roi, & Lettres Patentes sur icelui du 18 Septembre 1739. *registrées en la Cour des Aydes le 11 Décembre suivant*, qui confisque plusieurs Piéces d'Eau-de-vie saisies sur Antoine le Maire Marchand à Amiens, & sur la Veuve Thierry, pour fausses destinations, fraudes des Droits dûs à la revente, & autres genres de fraudes, condamne le Maire en trois cens livres, & la Veuve Thierry en cent livres d'amende, ordonnent que le Maire demeurera interdit de son commerce, jusqu'à ce qu'il en ait été autrement ordonné par Sa Majesté, & font défenses à toutes personnes de tenir des Magasins & Entrepôts d'Eau-de-vie dans les trois lieues limitrophes des extrémités de la Généralité d'Amiens, sous les peines portées par l'Arrest du Conseil & les Lettres Patentes du 30 Mai 1724.

Du 11 *Aoust* 1739.

* Arrest du Conseil d'Estat du Roi, qui ordonne l'exécution des Articles XXXV. & XXXVI. du Titre commun pour toutes les Fermes de l'Ordonnance de 1681. par lesquels il est défendu aux Juges ordinaires de décreter les Employés des Fermes pour délits ou crimes commis dans l'étendue du Département où ils sont Employés, ou à l'occasion de leurs fonctions & exercice, en conséquence déclare nul le décret de prise de corps décerné par les Juges de la Seigneurie de Soisy Malzher-

bes, contre les Commis aux Aydes du département de Puiseaux, Election de Pithiviers, les renvoye dans les fonctions de leurs Emplois, & déclare pareillement nulle une Sentence de provision rendue contre lesdits Commis, avec défenses à tous Huissiers de mettre à exécution tant ladite Sentence que le décret de prise de corps, à peine d'interdiction & de mille livres d'amende.

Du 19 Aoust 1739.

* Lettres Patentes du Roy, *registrées en Parlement le 16 Septembre 1739.* qui autorise le Réglement du même jour, concernant les Toilles qui se fabriquent dans les Villes de Laval, Mayenne, Châteaugontier & aux environs, contenant quatre-vingt-dix-neuf Articles, dont les LIII. & LIVe. ordonnent que les Registres qui seront tenus par les Gardes-Jurés des Fabriquans, dans les Bureaux de Visite & Controlle, pourront être en papier commun non timbré : le LIXe. dispense aussi de tenir en papier timbré le Registre qui doit être déposé au Greffe de la Jurisdiction des Manufactures, pour y enregistrer les noms des Fabriquans & Tisserands, non plus que les Certificats d'enregistremens des noms desdits Fabriquans & Tisserands, qui leur seront délivrés par les Greffiers desdites Jurisdictions : le LXXIe. exempte du timbre les Registres qui seront tenus par les Auneurs-Jurés, pour enregistrer les piéces de Toilles qu'ils auront aunées, & le XCVIII^e^. veut que les Registres qui doivent être tenus par les Greffiers des Jurisdictions des Manufactures, en conformité dudit Réglement, puissent être en papier non timbré.

Du 2 Septembre 1739.

* Arrest de la Cour des Aydes, qui ordonne que les Articles I. IV. & VI. du Titre des Exemptions du Gros de l'Ordonnance du mois de Juin 1680. seront executés selon leur forme & teneur ; en conséquence que les Curés seront tenus de payer les Droits de Gros & augmentation des Vins qu'ils vendront, provenans des Dixmes qu'ils tiennent à Ferme des Gros Décimateurs.

Du 3 Septembre 1739.

* Ordonnance de M. l'Intendant de Paris, qui condamne trois Vignerons du Hameau de Vauguillain, non sujet au payement des anciens & nouveaux cinq sols en 300 livres d'amende chacun, pour avoir enlevé plusieurs Piéces de Vin des Paroisses & Terroirs de Cezy & S. Julien du Sault, lieux sujets ausdits Droits, sans en avoir fait déclaration; confisque lesdits Vins au profit du Fermier des Aydes, & les condamne avec la Communauté des Habitans dudit Hameau solidairement aux dépens.

Du 4 Septembre 1739.

* Arrest de la Cour des Aydes, qui défend à toutes personnes, de quelque qualité & condition qu'elles soient, de travailler en or & en argent dans aucuns Palais, Hôtels, Monasteres, Prieurés, Commanderies, Colléges & aucuns lieux clos & privilégiés, ou prétendus tels, en chambres & autres lieux secrets, si ce n'est aux Galleries du Louvre.

Du 5 Septembre 1739.

* Arrest contradictoire de la Cour des Aydes de Paris, qui casse une Sentence des Elûs d'Issoudun, par laquelle ils ont déclaré nul un Procès-verbal des Commis du Fermier des Aydes, sur le fondement que l'assignation a été donnée par un Sergent de Jurisdiction Seigneuriale, & condamne Guillaume d'Haulon Cabarretier, a la confiscation du Vin saisi, & en 25 livres d'amende & aux dépens.

Du 5 Septembre 1739.

* Arrest contradictoire de la Cour des Aydes de Paris, qui infirme une Sentence des Elûs de Chinon du 12 Février 1739. par laquelle ils ont déchargé Louis Guertin Concierge des Prisons de Chinon, des droits de détail pour le passé, & des mêmes droits pour l'avenir, sur la quantité seulement de trois Busses

ses de Vin, à laquelle ils ont fixé sa provision par chacun an; Et condamne ledit Guertin au payement desdits droits de tous les Vins & autres Boissons qu'il vendra ou consommera dans les Prisons de ladite Ville.

Du 5 Septembre 1739.

* Arrest contradictoire de la Cour des Aydes, qui casse une Sentence des Elûs d'Issoudun, par laquelle ils ont déclaré nul un Procès-verbal des Commis aux Aydes, sur le fondement que l'affirmation n'avoit pas été valablement faite devant le sieur le Jeune, Lieutenant de ladite Election, étant alors mineur, & sans avoir égard à ce moyen de nullité, condamne Jean-Baptiste Petit-Jean & sa femme, à la confiscation des choses saisies, en l'amende de 25 liv. & aux dépens; Et sur les conclusions de M. le Procureur Général, fait défenses ausdits Elûs de rendre des Sentences en matiere d'Aydes, qu'ils ne soient au nombre de trois au moins sous les peines de droit.

Du 7 Septembre 1739.

* Département de Messieurs les Fermiers Généraux, pour le service des Fermes Royales unies, pendant la deuxiéme année du Bail de Me. Jacques Forceville.

Du 8 Septembre 1739.

* Arrest du Conseil, qui renvoye pardevant Messieurs les Commissaires du Conseil pour les affaires des Gabelles, cinq Grosses Fermes, Tailles & autres affaires des Finances, une Instance pendante entre les Fermiers généraux des Fermes-unies, & les Sous-Fermiers des Aydes de la Généralité d'Amiens, d'une part; les Etats de la Province d'Artois, d'autre part, & les Seigneurs & habitans des Paroisses de Werton, Brimeux, Merlimont, Grofflier, Saint Aubin, Berk, Waben, Wailly, Lepinoy, la Cense de Beaucamp, Noyelle, & autres Paroisses enclavées de Picardie en Artois & d'Artois en Picardie, pour raison des Privileges & prétentions respectives des Parties.

Du 8 Septembre 1739.

* Arrest du Conseil, qui déboute M. le Marquis de Puyguion de sa Requeste; ordonne que les Arrests du Conseil, des 30 Avril 1726. & 22 Novembre 1729. seront exécutés selon leur forme & teneur; & en conséquence, fait défenses aux Bouchers non reçûs maîtres, & qui font leurs résidences dans les Villages voisins de celui de S. Michel de Montmaleus, d'exposer leurs viandes audit lieu de S. Michel de Montmaleus, soit en tems de Foires ou autrement, pour les y vendre & débiter, sinon en payant les Droits d'Inspecteurs aux Boucheries conformément aux Réglemens, à peine de confiscation desdites viandes & de trois cens livres d'amende.

Du 8 Septembre 1739.

* Arrest du Conseil, concernant les Droits d'Inspecteurs aux Boucheries, qui, sans avoir égard à la demande des Curés & Seigneurs des Paroisses de Villers, Parvillers & Andechy, & conformément à l'Arrest du Conseil du 30 Avril 1726. fait défenses aux Bouchers de campagne qui ne sont pas reçûs maîtres, de vendre leurs viandes ailleurs que dans leur maison d'habitation.

Du 11 Septembre 1739.

* Sentence rendue par M. le Lieutenant Général de Police, qui fait défenses de faire entrer, porter, ni vendre dans Paris aucune viande de cheval cuite ou cruë, sous quelque prétexte que ce soit; Et condamne le nommé Nicolas Guerbois, en l'amende de cent livres pour y avoir contrevenu.

Du 22 Septembre 1739.

* Arrest contradictoire du Conseil, qui déboute Claude Julien, Herly de la Gaste, & Jacques Chalopin du Gault de leurs demandes, tendantes à être déchargés des Droits d'Inspecteurs aux Boissons, sous prétexte que leurs Maisons, quoiqu'elles

soient situées dans les cinq cens toises de la Ville de Baugé, ne dépendent point de ladite Ville, mais de la Paroisse du vieux Baugé, qui n'est point sujette ausdits Droits. Confirme les Ordonnances de M. de Lesseville, Intendant de la Généralité de Tours des 30 Juillet & 24 Décembre 1738. condamne lesdits sieurs de la Gaste & du Gault au payement desdits Droits & au coût dudit Arrest.

FIN.

TABLE
DES
EDITS, DECLARATIONS, ARRESTS ET REGLEMENS,

Rendus pendant la premiere année du Bail de Me JACQUES FORCEVILLE,

Commencée le premier Octobre 1738. & finie le dernier Septembre 1739.

CONCERNANT les Domaines de France; Controlle des Actes des Notaires; Petits-Scels; Insinuations Laïques, Centiéme Denier; Controlle des Exploits; Greffes; Amortissemens; Franc-Fiefs & Nouveaux Acquêts; & Droits reservés dans les Cours & Jurisdictions, par les Edits des mois d'Aoust 1716. Janvier & Novembre 1717. & rétablis par la Déclaration du 15 May 1722.

Du 17 Novembre 1737.

RESULTAT du Conseil, portant Bail des Fermes générales-unies à Jacques Forceville pour six années, à commencer du premier Octobre 1738. pour les Gabelles, Cinq grosses Fermes, Aydes & Droits y joints, & du premier Janvier 1739. pour les Domaines, Con-

trolle des Actes, &c. aux prix, charges, clauses & conditions y contenuës.

Du premier Juillet 1738.

* Arrest du Conseil, pour la prise de possession du Bail des Fermes générales-unies, sous le nom de Jacques Forceville pendant six années, à commencer du premier Octobre 1738. pour les grandes & petites Gabelles; Droits manuels sur les Sels; Gabelles des trois Evêchés; Domaines & Gabelles de Franche-Comté, & Droit de Rehaussement sur le Sel dans ladite Province; Cinq grosses Fermes; Droits sur les Huiles & Savons; Aydes, Entrées de Paris; Impôts & Billots & Formule de Bretagne; Marque d'Or & d'Argent; Marque des Fers; Formule dans les Pays où les Aydes ont cours; Domaine, Barrage & Poids-le-Roy aux Entrées de Paris; Jauge & Courtage; Courtiers-Jaugeurs, Inspecteurs aux Boucheries & Boissons; Droits sur les Suifs a Paris & pour la Ferme du Tabac; & au premier Janvier 1739. pour les Domaines de France, Controlle des Exploits; Domaines de Flandre, Haynault, Artois, Alsace; Principauté d'Orange & Duché de Châteauroux; Controlle des Actes; Sceaux & Insinuations Laïques; Greffes, Amortissemens, Francs-Fiefs & nouveaux acquêts; Formules dans les Provinces où les Aydes n'ont point cours; nouvelle Formule des Notaires de Paris; Droits reservés dans les Cours & Jurisdictions du Royaume; Gages intermédiaires; Domaines d'Occident en France; Droits casuels réünis au Domaine, & autres Droits compris au Bail dudit Forceville; deux & quatre sols pour livre de ceux de tous lesdits Droits qui y sont sujets.

Permet audit Forceville & à ses Soû-Fermiers de se servir des Timbres actuellement en usage.

Dispense les Employés qui ont prêté Serment pendant les précédens Baux & Soû-Fermes, de le prêter de nouveau; leur permet de verbaliser dans le Ressort des Jurisdictions où ils pourront se trouver; défend aux Juges d'annuller leurs Procès-verbaux, sous prétexte que leurs noms ne se trouveroient point inscrits dans un Tableau déposé au Greffe de leur Jurisdiction.

Permet audit Forceville & à ses Soû-Fermiers d'entretenir ou de résilier les Baux à loyer des Maisons & Greniers; en-

semble les Abonnemens, Traités & Marchés qui peuvent avoit été ci-devant faits par les précédens Fermiers & Soû-Fermiers, de partie desdites Fermes & Droits.

Régle les Droits d'Enregistrement dudit Arrest, & ceux de reception & prestation de Serment des Employés; & ordonne que les Réglemens rendus au profit des précédens Fermiers, seront exécutés en faveur dudit Forceville & de ses Soû-Fermiers, comme s'ils avoient été rendus sous leurs noms.

Du 16 Septembre 1738.

* Bail des Fermes Royales unies fait à Jacques Forceville pour six années, à commencer pour les Gabelles, Cinq grosses Fermes; Aydes, Entrées, Tabac, Papier & Parchemin timbrés des Provinces où les Aydes ont cours, & autres Droits y joints, le premier Octobre 1738. & pour les Domaines de France & d'Occident; Controlle des Actes des Notaires; Greffes, Amortissemens; Droits reservés dans les Cours & Jurisdictions, & Droits y joints, le premier Janvier 1739. *Registré où besoin a été.*

Octobre 1738.

* Edit du Roy, *Registré en la Cour des Monnoyes le 5 Novembre* 1738. Portant qu'il sera fabriqué de nouveaux Sols de vingt-quatre deniers; fixe au quarantiéme la quantité desdits Sols qui doivent entrer dans les payemens; défend de mettre aucunes menuës Monnoyes dans les sacs d'Argent, & de mettre plusieurs sortes d'Espéces dans un même sac; ordonne qu'il ne sera fait des sacs que de 1200 liv. de 1002 liv. de 900 liv. & de 600 liv. sauf à être retenu ou rendu le prix des sacs sur les pieds fixés par l'Arrest du Conseil du 27 Janvier 1711.

Du 6 Octobre 1738.

* Arrest du Conseil d'Estat privé du Roi, qui déclare celui du 10 Mai 1691. rendu au profit des Officiers des Eaux & Forests de Bar-Sur-Seine, commun avec les Officiers de l'Election & Grenier à Sel d'Angers, & ordonne que les Officiers des Mai-

trises des Eaux & Forests de ladite Ville d'Angers, précederont ceux de l'Election & du Grenier à Sel en toutes assemblées générales & particulieres notamment dans celles de l'Hôtel-de-Ville où toutes les compagnies seront mandées & appellées, & dont le Sécretaire sera tenu d'appeller les Officiers des Eaux & Forests avant ceux de l'Election & du Grenier à Sel.

Du 7 Octobre 1738.

* Arrest du Conseil, qui ordonne que les Droits de Controlle des Actes des Notaires, ceux des Actes sous signatures privées dans les cas où ils y sont sujets, ceux d'insinuation & centiéme denier, de Controlle des Exploits, enrégistrement des saisies mobiliaires, Papier & Parchemin timbrés, d'Echanges, Greffes, Amortissemens, Francfiefs, Droits réservés sur les Actes judiciaires & autres dépendans de la Sous-Ferme des Domaines du Roi, seront perçûs dans l'étendue du Vicomté de Turenne, à commencer du premier Janvier 1739.

Des 21 Octobre & 15 Novembre 1738.

* Arrest du Conseil & Ordonnance, portant que les Possesseurs & Adjudicataires des Maisons, Edifices, Terrains & Emplacemens du Domaine de Vincennes, & appartenans au Roi audit lieu & aux environs, représenteront les Titres en vertu desquels ils en jouissent pardevant le sieur Prevost Avocat au Parlement & Avocat du Roi en la Capitainerie de Vincennes, Commissaire pour ce nommé par ledit Arrest.

Novembre 1738.

* Edit du Roi, *enregistré au Parlement le cinq Décembre* 1738. portant suppression & réunion du Siége de la Prévôté Royale d'Angoulême à la Sénéchaussée de ladite Ville, contenant treize articles, par le dernier desquels il est dit que les frais de Procédures dans les affaires qui étoient de la compétence du siége de la Prévôté ainsi que les Droits & vacations des Juges, Greffiers, Procureurs & Huissiers, seront reglés sur le pied & de la

même maniere qu'ils l'étoient pendant que lesdites affaires se portoient en la Prévôté sans augmentation ni innovation.

Du 4 Novembre 1738.

* Arrest du Conseil, qui ordonne que tous ceux qui prétendront des charges, redevances & autres droits sur le Domaine de Provins, seront tenus de remettre leurs Titres entre les mains de M. le Controlleur Général des Finances, dans trois mois pour tout délai.

Du 11 *Novembre* 1738.

Arrest du Conseil, qui ordonne l'exécution de l'Article IV. de la déclaration du 19 Juin 1720. par lequel il est accordé aux Etrangers non naturalisés, même à ceux qui sont demeurans hors du Royaume, la faculté d'acquérir des rentes sur l'Hôtel de Ville créés par l'Edit du mois de Juin précedent, défend aux Payeurs des rentes sur l'Hôtel-de-Ville de Paris, & aux Conservateurs des Hypotéques, de recevoir aucunes saisies, oppositions ou empêchemens de quelque nature qu'elles puissent être & pour quelque cause que ce soit, sur les parties de rentes appartenantes ausdits Etrangers, casse & annulle celles faites à la Requeste du sieur Mathy, sur les héritiers & représentans, le Prince Constantin Sobiesky, & enjoint ausdits Payeurs des rentes de payer les arrérages échûs desdites parties de rentes, & ceux qui écheront dans la suite ausdits héritiers & représentans dudit Prince Constantin Sobiesky, ou au fondé de leur procuration.

Du 25 *Novembre* 1738.

Arrest de la Cour des Aydes, qui proroge jusqu'au 15 Décembre 1738. le délai accordé par celui de ladite Cour du 5 Septembre précédent à Jacques Forceville adjudicataire des Fermes générales pour l'enregistrement de son Bail, & l'autorise à faire la régie desdites Fermes & perception des droits en dépendans.

Du 25 Novembre 1738.

* Sentence des Prévôt des Marchands & Echevins de la Ville de Paris, qui condamne la Dame Igou, Marchande de meubles, en trois mille livres d'amende applicable à l'Hôpital général, pour avoir fait construire sans permission, un Corps de Bâtiment de quatre toises de face sur la ruë de Charenton, Fauxbourg S. Antoine, vingt pieds de profondeur, & de quarante-deux pieds de haut; qui ordonne la démolition dudit Bâtiment, la confiscation des Matériaux, la réunion de la Place au Domaine du Roi, & qu'elle sera tenue de déclarer les Entrepreneur, Maître Maçon, Charpentier, & Ouvriers qui y ont travaillé.

Du 25 Novembre 1738.

* Sentence des Prévôt des Marchands & Echevins de la Ville de Paris, qui condamne le nommé Gosset Maître Boulanger, en trois mille livres d'amende applicable à l'Hôpital général, pour avoir reconstruit un Corps de Bâtiment en la maison qui lui appartient, Faux-bourg S. Antoine, ruë de Reully, d'une plus grande superficie & élévation que celles portées au Jugement du Bureau du 14 Mars 1738. ordonne la démolition dudit Bâtiment, la confiscation des Matériaux, & la réunion de la Place au Domaine du Roi, & que ledit Gosset sera tenu de déclarer les Entrepreneur, Maître Maçon, Charpentier & Ouvriers qui y ont travaillé.

Du 2 Décembre 1738.

* Arrest du Conseil, qui ordonne que les Articles I. & III. du Titre des Bois appartenans aux Particuliers de l'Ordonnance des Eaux & Forests du mois d'Aoust 1669. ensemble les Arrests du Conseil des 21 Septembre 1700. 19. Juillet & 6 Septembre 1723. & l'Ordonnance du sieur de Bazoncourt Grand-Maître des Eaux & Forests du département de Poitiers du 31 Juillet 1737. seront exécutés selon leur forme & teneur; en conséquence fait défenses à tous Particuliers ou Propriétaires de Bois, de quelque qualité & condition qu'ils soient, de couper aucun arbre

de Futaye soit en corps de bois, Baliveaux sur taillis ou arbres épars, qu'ils n'en ayent obtenu la permission du Conseil ou fait leur déclaration au Greffe de la Maîtrise particuliere des Eaux & Forests des lieux six mois auparavant, & ce sous les peines portées par lesdites Ordonnance & Arrests; défend en outre ausdits Particuliers ou Propriétaires de Bois, de couper aucuns Talllis qu'ils n'ayent au moins atteint l'âge de dix ans, conformément à ladite Ordonnance de 1669. & à l'Arrest du Conseil dudit jour 19 Juillet 1723. aux Officiers, tant de la Maîtrise de Rochefort, qu'à ceux des autres Maîtrises du Royaume, de donner aucune permission soit verbale, soit par écrit, de couper aucun desdits Bois, & de recevoir pour raison de ce aucune somme d'argent, ou autre chose équivalente, à peine de suspension de leurs fonctions, radiation de leurs gages & de cinq cens livres d'amende qui ne pourra être réputée comminatoire & autres plus grandes, si le cas y échet; Et aux Greffiers de ces Maîtrises, d'éxiger pour chacune des déclarations qui seront faites aux Greffes desdites Maîtrises plus de dix sols, tant pour la réception de chaque déclaration que pour l'expédition d'icelle, quelque quantité d'arpens de Futaye, Baliveaux sur taillis, ou arbres épars qui s'y trouve comprise, à peine de destitution de leurs charges, & de restitution des sommes qu'ils auront reçûes au-delà desdits 10 sols & de 1000 liv. d'amende qui ne pourra non plus être réputée comminatoire, &c.

Du 2 Décembre 1738.

* Arrest du Conseil, qui ordonne que celui du 9 Janvier 1683. sera exécuté selon sa forme & teneur, & néanmoins en l'interprétant en tant que besoin est ou seroit, déclare n'avoir entendu comprendre dans les défenses portées par ledit Arrest les Pêcheurs à Verge, & à Engin & les Meusniers; & en conséquence que conformément à l'Ordonnance des Eaux & Forests du mois d'Aoust 1669. & aux Réglemens qui l'ont précedé & suivi, concernant la tenue des Assises ou Hauts-jours des Officiers des Maîtrises, tous les Pêcheurs à Verge & à Engin, ainsi que les Meusniers du Ressort de la Maîtrise particuliere des Eaux & Forests de Paris, seront tenus de comparoître aux Assises ou Hauts-

jours de ladite Maîtrise, s'ils n'ont excuse légitime, & ce aux jours & lieux qui leur seront à cet effet indiqués en la forme ordinaire par les Officiers de ladite Maîtrise, à peine contre chacun desdits Pêcheurs & Meusniers défaillans de 3 liv. d'amende pour la premiere fois, & en cas de récidive de 6 liv. aussi d'amende, sans que pour raison de ce, les Officiers de la Table de Marbre du Palais à Paris, puissent prononcer la décharge ou modération desdites amendes à peine de nullité de leurs Jugemens. Ordonque lesdits Pescheurs & Meusniers, soit qu'ils comparoissent ausdites Assises, ou qu'ils n'y comparoissent pas, seront tenus de payer à l'avenir lors de la tenue de chacune desdites Assises ès mains du Garde Général, Collecteur des amendes de ladite Maîtrise, sçavoir, chaque Pêcheur 6 sols 3 deniers, & chaque Meusnier 7 sols 6 den. à quoi montent les Droits dont les uns & les autres sont tenus de tout tems envers le Domaine, & ce suivant le Rolle qui en sera arresté par lesdits Officiers, & ensuite remis audit Garde Général, pour du montant dudit Rolle, ainsi que des amendes qui auront été prononcées contre les défaillans, en être par lui compté au profit du Roi, ainsi que des autres deniers de sa recette. Ordonne en outre que les Jurez Pêcheurs à Engin de la Ville de Paris, seront tenus, comme par le passé, huitaine avant la tenue des Assises de S. Remi, de présenter aux Officiers de ladite Maîtrise le Poisson par eux pêché, appellé le premier coup de Seine, ou Plat de Poisson du Roi, à peine de 50 livres d'amende, qui demeurera contr'eux encouruë, chaque fois qu'ils y auront manqué, au payement desquelles amendes, ainsi que des Droits de 6 sols 3 den. & de 7 s. 6 d. dont est question, tous lesdits Pêcheurs & Meusniers seront contraints par les voyes ordinaires & accoutumées, &c.

Du 8 *Décembre* 1738.

* Lettres Patentes *régistrées au Parlement de Rouen le* 15 *Janvier* 1739. qui confirment & autorisent le Reglement du même jour pour les Draps, Serges & autres Etoffes de Laine, ou mêlées de Laine & de fil, qui se fabriquent dans la Généralité de Caën, contenant 90 Articles, par le quatre-vingtiéme desquels il est ordonné que dans chaque Bureau de Fabrique & de Controlle

trolle, il sera tenu par les Gardes-Jurez en exercice des Fabriquans & des Marchands, un Regiſtre en papier commun non timbré, cotté & paraphé ſans frais par le Juge des Manufactures, dans lequel leſdits Gardes-Jurez écriront de ſuite & ſans aucun blanc ni interligne, le nombre des Piéces de Draps & autres Etoffes qu'ils auront viſitées chaque jour, en diſtinguant la qualité deſdits Draps & autres Etoffes, les noms des Fabriquans ou des Marchands qui les auront préſentés à la viſite, & celles qu'ils auront marqués, de celles qu'ils auront ſaiſies, à peine de 20 liv. d'amende applicable moitié au Roi, & l'autre moitié au profit des Pauvres. Et par le quatre-vingt-neuviéme, il eſt dit que les Juges des Manufactures ne pourront prendre aucuns Droits ni Epices pour les Jugemens qu'ils rendront, & que le Greffier ne pourra éxiger plus de deux ſols par feuillet des Sentences qu'il expédiera.

Du 16 Décembre 1738.

* Arreſt du Conſeil, qui permet à Antoine Jacques, Bourgeois de Paris, de changer au premier Janvier 1739. le timbre particulier des Papiers & Parchemins ſervans aux Notaires du Châtelet de Paris, à l'effet de quoi ſera tenu ledit Antoine Jacques, d'avoir ſes Bureaux de diſtribution fournis des Papiers & Parchemins du nouveau timbre avant ledit jour premier Janvier, & d'indiquer leſdits Bureaux de diſtribution au Syndic des Notaires, & ordonne que conformément aux offres de Nicolas Desboves & Jacques Forceville, ſucceſſivement adjudicataires des Fermes générales, ils ſeront tenus de reprendre les Papiers & Parchemins du timbre actuel à l'uſage des Notaires au Châtelet de Paris qui n'auront pas ſervi, & qui ſeront rapportés dans leurs Bureaux de diſtribution, & d'en rembourſer comptant, & ſur le champ le prix en entier, ſans aucuns frais, & ce pendant le courant d'un mois ſeulement, paſſé lequel tems leſdits Papiers & Parchemins ſont déclarés nuls, & de nulle valeur; Et défend auſdits Notaires & à tous autres ayant droit de ſe ſervir deſdits Papiers & Parchemins, de faire uſage d'aucuns autres que de ceux du timbre dudit Antoine Jacques, à commencer du premier Janvier 1739. ſous les peines portées par les Reglemens.

Du 23 Décembre 1738.

* Arrest du Conseil, qui casse & annulle la Procédure faite, & le décret d'ajournement personnel décerné en la Justice de Châtillon, contre Claude Desjardins, Sergent & Garde de la Maîtrise de Soissons; renvoye ledit Desjardins dans ses fonctions, & ordonne que pour raison des faits de chasse & mauvais traitemens exercés par le sieur Itan de Beaurepaire, & deux autres Particuliers contre ledit Desjardins dans les Bois & Usages du College Royal de Navarre à Paris, résultans du Procès-verbal dudit Desjardins du 19 Juin 1738. les y dénommés seront tenus de procéder en ladite Maîtrise avec très expresses inhibitions, & défenses aux Juges de Châtillon de connoître à l'avenir d'aucune matiere d'Eaux & Forests, Pêches & Chasses, sous les peines portées par l'Ordonnance de 1669.

Du 23 Décembre 1738.

* Arrest du Conseil, qui ordonne que les Commandeurs & Officiers de l'Ordre du S. Esprit & autres Privilegiés, payeront les droits d'échange dans les mouvances des Seigneurs particuliers ausquels lesdits droits n'auront pas été alienés.

Du 23 Décembre 1738.

* Arrest du Conseil, qui ayant égard à la Requeste de Sébastien Marchal, Receveur Général des Domaines & Bois de la Généralité de Metz, préposé par Arrest du Conseil du 22 Février 1724. aux fonctions & exercices des Offices d'Econôme & de leurs Contrôleurs supprimés par Edit du mois de Novembre 1714. Ordonne que par les sieurs Grands Maîtres des Eaux & Forests, ou les Officiers des Maîtrises des lieux sur leurs Commissions, il sera dans le cas de la vacance d'aucuns Bénéfices, fait marque & délivrance audit Marchal en sa qualité d'Econôme, les chauffages ci-devant accordés par Arrests & Lettres Patentes aux Prélats & Bénéficiers, à prendre dans les Bois dépendans desdits Bénéfices, & ce tant que ladite vacance, ainsi

que lesdits Arrests & Lettres Patentes subsisteront, pour du prix desdits chauffages, ainsi que des revenus desdits Bénéfices, en être par ledit Marchal compté dans la forme ordinaire & accoutumée.

Du 23 Décembre 1738.

* Déclaration du Roi, *registrée au Parlement de Besançon le 26 Novembre* 1739. portant que l'Art. XII. du Titre XVII. de l'Ordonnance de 1667. sera exécuté selon sa forme & teneur, & en conséquence, que les Jugemens rendus en fait de Police qui prononceront des condamnations d'amende au profit du Roi, seront exécutées nonobstant opposition ou appellation & sans y préjudicier, à quelques sommes qu'elles puissent monter, & ce nonobstant la disposition de la déclaration du 28 Décembre 1700. à laquelle il est dérogé en cas de besoin; que le recouvrement desdites amendes se fera en la maniere accoutumée à la poursuite & diligence des Fermiers du Domaine, sans qu'ils soient obligés de donner d'autres cautions que celles qu'ils fournissent pour l'exécution de leurs Baux, ni que l'on puisse exiger d'eux aucun nouvel acte de présentation de cautions; défend aux Cours Supérieurs & autres Juges, de donner des défenses d'exécuter lesdits Jugemens, ni de surseoir à leur exécution dans les cas où lesdites amendes n'excéderont pas la somme de 100 l. & au cas qu'elles excedent ladite somme de 100 l. ceux qui seront condamnés ne pourront être reçûs appellans qu'ils n'ayent consigné ladite somme de 100 liv. outre l'amende du fol appel, à l'effet de quoi ils seront tenus de représenter la quittance de consignation de ladite somme de 100 liv. ainsi que celle de l'amende d'appel, conformément aux dispositions de l'Edit du mois d'Aoust 1669. & de la déclaration du 21 Mars 1671. sous les peines y portées.

Du 30 Décembre 1738.

* Arrest du Conseil, qui ordonne aux Gens de Main-morte du Ressort du Parlement de Flandre, de fournir des Déclarations des biens par eux acquis depuis 1681.

Du 6 Janvier 1739.

* Arrest du Conseil, qui ordonne que les Articles II. du Titre de la Jurisdiction, IV. & XX. du Titre des Bois, Prez, Marais, Landes, Pastis & autres biens appartenans aux Communautés & Habitans des Paroisses, de l'Ordonnance des Eaux & Forests du mois d'Aoust 1669. & les Arrests & Reglemens intervenus en conséquence, & notamment celui du 19 Juin 1731. seront exécutés selon leur forme & teneur; ce faisant que les Officiers de la Maîtrise particuliere des Eaux & Forests de Caën, connoîtront à l'exclusion des Juges ordinaires des Prairies de Caën, Louvigny, Venoix & autres qui sont communes pour les secondes Herbes, tant pour les entreprises faites & a faire sur le Pâturage commun d'icelles que pour regler la maniere d'en user. Fait défenses au Sieur Marquis de Louvigny, de porter de pareilles matieres devant son Sénéchal, & à son Sénéchal d'en connoître à peine de nullité, cassation de procedure, de 500 liv. d'amende & de tous dépens, dommages & interests; Et pour faire droit sur les contestations d'entre ledit sieur de Louvigny & le nommé Jean Crevel Marchand à Caën, renvoye les Parties pardevant les Officiers de ladite Maîtrise, pour y procéder jusqu'à Sentence définitive inclusivement, sauf l'appel en la maniere accoutumée, &c.

Du 20 Janvier 1739.

Arrest du Conseil, qui fait main-levée à M. le Comte de Belle-Isle, des oppositions formées par la Dame Veuve & héritiere du sieur de Savary, les sieurs Nicolas Langlois, Joseph Desmares, André de Roussel, Gabriel Fleury, Louis Piquefeu, Lamperiere de Mouligny, Robert le Noyen Prêtre & Curé, & les Habitans des Paroisses de Vernon, & Lille S. Pierre d'Antilu, S. Just, S. Marcel, S. Etienne, sous Bailleul, & la Chapelle Genevray & autres Parties, à l'enrégistrement, tant au Parlement & à la Chambre des Comptes de Rouen qu'au Bailliage de Vernon, des Lettres Patentes obtenuës par ledit sieur Comte de Belle-Isle, le 17 May 1737. pour l'exécution de l'échange fait entre le Roi & mondit sieur de Belle-Isle.

Du 3 Février 1739.

* Déclaration du Roi, *régiſtrée au Parlement de Pau le 4 Mars 1739.* concernant les évocations par rapport aux affaires du Domaine, contenant ſix Articles.

Du 11 Février 1739.

* Déclaration du Roi, concernant le recouvrement des Gages intermédiaires, & le payement du montant des abonnemens des Droits de Courtiers-Jaugeurs, & d'Inſpecteurs aux Boucheries & des Boiſſons, ceux ſur les Huiles & Savons, & ceux de nouvel-acqueſt ou uſage dûs par les Communautés Laïques, au profit de Jacques Forceville.

Du 3 Mars 1739.

* Arreſt du Conſeil, qui ordonne conformément aux Arreſts rendus pour le Bail de Domergue, & les ſuivans, que Nicolas Desboves, & ſes cautions ci-devant Fermiers Généraux des Fermes-unies, ne pourront être aſſignés qu'en leur domicile à Paris, ni traduits ailleurs qu'en la Cour des Aydes de ladite Ville pour raiſon deſdites Fermes, & déclare nulles toutes aſſignations qui leur ſeroient données ailleurs.

Du 3 Mars 1739.

* Arreſt du Conſeil, qui ordonne conformément aux Arreſts & Lettres Patentes des 4 11 & 30 Avril *1699.* 20 Mars 1708. 14 Aouſt 1717. 17 Février 1719. 21 Juin 1721. 9 Novembre 1728. & 11 Novembre 1732. que tous les Exploits de ſaiſies, oppoſitions ou empêchemens à la délivrance & payement des ſommes aſſignées & employées dans les Etats du Roy expediés pour la diſtribution des deniers, des rembourſemens des avances des Fermiers, & tous autres rembourſemens, charges & dépenſes concernant la régie deſdites Fermes, ſeront viſés & paraphés ſans frais par le ſieur Gaultier Receveur général du Bail de For-

ceville, tant celles faites depuis le premier Octobre 1738. que celles qui seront faites par la suite; déclare nuls tous Exploits de saisies, oppositions ou empêchemens qui n'auront point été visés & paraphés par ledit sieur Gaultier, ordonne en outre que ledit Arrest sera signifié à la Communauté des Huissiers ou Sergens, tant des Cours Supérieures que du Châtelet de Paris & autres Jurisdictions, à ce qu'il n'y soit contrevenu à peine contre lesdits Huissiers & Sergens, d'être responsables des événemens en leur propres & privés noms & de 500 liv. d'amende.

Du 3 Mars 1739.

* Arrest du Conseil d'Etat du Roi, qui ordonne aux Greffiers & Sécretaires des Chapitres, Communautés Religieuses & Hôpitaux, de fournir au Fermier du Controlle des Actes des Notaires & Droits y joints, un Etat certifié d'eux, de tous les Actes inscrits sur leurs Registres, & sujets au Controlle depuis le dix Octobre 1724. Qu'à l'avenir il sera tenu par lesdits Greffiers & Sécretaires deux Registres desdits Actes, dans l'un desquels il ne sera inscrit que ce qui concerne la Police intérieure, & dans l'autre tout ce qui regardera l'administration temporelle & extérieure, & que les Actes portés dans ce dernier, seront controllés dans la quinzaine de leur date à leur diligence. Décharge du Controlle les Actes de Vesture, Noviciat & Profession, & surseoit les poursuites faites pour le payement des Droits d'insinuation, des dotations de Religieux & Religieuses, dont il n'y a ni Contrats, ni quittances passées pardevant Notaires.

Du 3 Mars 1739.

* Arrest du Conseil, qui condamne le Chapitre de Tours, à payer les Droits d'Amortissement, à cause d'une donation faite par un des Chanoines, nonobstant qu'il se soit reservé une pension; & en outre à quarante sols pour le droit de Quittance de Finance.

Du 10 Mars 1739.

* Arrest du Conseil, portant nouveau Réglement pour la

conservation des Turcies, & Levées & Chantiers des Rivieres de Loire, Cher, & Allier; ordonne l'essartement des Arbres & Plans de toutes especes, qui se trouvent sur le bord & dans l'intérieur des Isles & Islots, & qui seront nuisibles à la navigation; que les Isles qu'il ne suffiroit pas d'essarter pour les empêcher de nuire au public, seront détruites & ruinées, & que les Particuliers jouissans des Isles de Champauge & Neufchaise, qui se trouvent dans le cas d'être détruites, remettront au Sieur Controlleur général des Finances les Titres de concession & autres sur lesquels ils fondent leur jouissance, pour être vûs & rapportés au Conseil, & ordonné ce qu'il appartiendra.

Du 10 Mars 1739.

* Arrest du Conseil, qui casse & annulle une Ordonnance du Lieutenant Général de Saint Quentin du 6 Juin 1738. & l'assignation donnée en conséquence au Bailliage de Saint Quentin, au Prieur & Religieux de l'Abbaye de S. Eloy de Noyon, à la requête du Sr Fouquier, Seigneur d'Heronez, à l'occasion des délits par lui commis sur des Ormes & Sauls étans sur des Voyeries dépendantes de la Justice & Seigneurie desdits Prieur & Religieux, & que ledit Sr Fouquier d'Horenez prétendoit dépendre de sa Justice, & tout ce qui s'en est ensuivi, & renvoye les Parties en la Maitrise des Eaux & Forests de la Fere; avec défenses à tous Juges Royaux de connoître d'aucune matiere d'Eaux & Forests, Pêches & Chasses, circonstances & dépendances, à toutes personnes de proceder, & à tous Procureurs d'occuper sur lesdites matieres, en premiere Instance, ailleurs que pardevant les Officiers des Maitrises des Eaux & Forests, à peine de nullité des Procedures, d'amende arbitraire contre les Parties, & de trois cens livres d'amende contre les Procureurs, qui ne pourra être reputée comminatoire.

Du 10 Mars 1739.

* Arrest du Conseil, qui ordonne que sur les deniers étans entre les mains du sieur Canclaux, Payeur des Gages des Secretaires de Sa Majesté, provenans de ceux attribués à l'un des-

dits Offices, dont le sieur Châtelain est pourvû; Louis Mignot, Fermier des Domaines, Controlle des Actes, Centiéme denier & Droits y joints, ses Commis & Préposés seront payez par préférence à tous créanciers de la somme de 2000 liv. pour le Centiéme denier de celle de 200000 liv. prix des Terres de l'Epine & d'Iteville, acquises par ledit sieur Chatelain, par Contrat du 7 Juin 1714. ensemble des quatre sols pour livre, &c. à quoi faire ledit Canclaux sera contraint comme dépositaire, conformément à l'Arrest du 21 May 1709. nonobstant toutes saisies & oppositions faites ou à faire.

Du 17 Mars 1739.

* Arrest du Conseil, qui confirme une Ordonnance du Bureau des Finances de Paris du 12 Mars 1739. pour l'élargissement de la grande ruë de Sêvre & chemin de Paris à Versailles.

Du 17 Mars 1739.

* Arrest du Conseil, qui décharge les Sieurs Jean Henry Chassé, Notaire à Rennes, & Claude-Louis-Dominique Chassé, Musicien ordinaire de la Musique du Roy, des Droits de Franc-Fiefs de la Terre des Chesnayes, pour lesquels ils ont été compris dans la contrainte de Jacques Colombat, Fermier des Domaines, Franc-Fiefs & Droits y joints de la Province de Bretagne, du 25 Septembre 1738. Défend audit Colombat & à ses Commis de faire aucune poursuite contre lesdits Sieurs Chassé, pour raison desdits Droits, attendu leur qualité de Gentilshommes.

Du 17 Mars 1739.

* Arrest du Conseil, qui condamne les Docteurs-Régens & Greffiers de l'Université de Nantes, & Faculté des Droits à Rennes, à payer les Droits de Franc-Fiefs.

Du 24 Mars 1739.

* Arrest du Conseil, qui casse & annulle un Jugement de la

Table

Table de Marbre de Paris, qui avoit reçu, après le délai prescrit par l'Ordonnance des Eaux & Forests de *1669.* l'appel d'une Ordonnance renduë en réformation, par M. de la Faluere, Grand-Maître des Eaux & Forests du Département de Paris; ordonne l'exécution de ladite Ordonnance, avec injonction aux Officiers de ladite Table de Marbre, de se conformer dans leurs Jugemens sur l'appel des Sentences des Maîtrises, à ce qui est prescrit par ladite Ordonnance, & à l'Edit du mois de May 1716. à peine de cassation & de tous dépens, dommages & intérêts, qui ne pourront être reputés comminatoires.

Du 24 Mars 1739.

* Arrest du Conseil, qui ordonne l'exécution de celui du 20 Novembre 1725. & en conséquence, que, faute par ceux qui se sont rendus adjudicataires par reventes, & moyennant des rentes annuelles au Domaine, en vertu de l'Arrest du Conseil du 13 May 1724. de faire expédier les Contrats sur les adjudications qui leur ont été faites à titre de reventes, dans un mois, à compter du jour de la signification qui leur sera faite, à la poursuite & diligence du Fermier des Domaines, aux Avocats ausquels lesdites adjudications ont été faites, il sera, après une seule publication dans les lieux où lesdits Domaines sont situés, procedé par les Sieurs Intendans & Commissaires départis, qui ont fait lesdites adjudications, à nouvelle adjudication des mêmes Domaines, aussi en rentes, & à condition du remboursement des anciens Engagistes, au plus offrant & dernier encherisseur, à la folle enchere desdits adjudicataires, sauf une derniere publication & adjudication, qui sera faite au Château des Thuilleries, devant les Sieurs Commissaires Généraux, nommés pour faire lesdites reventes. Ordonne que lesdits adjudicataires seront contraints, à la requête & diligence du Fermier du Domaine, au payement du principal, à raison du denier trente de la totalité, ou de la portion des rentes, à la charge desquelles lesdites reventes leur ont été faites, suivant le montant de la folle enchere, dont le Fermier sera tenu de compter, outre & par-dessus le prix de son Bail. Veut que les Avocats qui ont requis les adjudications, & qui n'en ont point fait encore de dé-

clarations, soient tenus de faire lesdites déclarations dans huitaine, du jour de la signification qui leur sera faite dudit Arrest; sinon & à faute de ce faire, qu'ils soient contraints en leur propre & privé nom, au payement du montant des folles encheres.

Du 31 Mars 1739.

* Arrest du Conseil, qui en exécution des Déclaration du 20 Mars 1708. & Arrest du Conseil du 27 Septembre 1729. qui assujettissent tous les Titres translatifs de propriété aux Droits d'Insinuation & de Centiéme denier, & nonobstant l'Ordonnance du Sr de la Tour Intendant de Provence, condamne le sieur Roberty, Prêtre à payer à Louis Tessier, Fermier desdits Droits, le Droit de Centiéme denier par lui dû, à cause de l'abandon d'immeubles à lui fait par son pere, pour son Titre Clerical, par Contrat du 27 Novembre 1717. suivant le Tarif, Arrests & Réglemens; & cependant par grace, & sans tirer à conséquence, le décharge du triple Droit.

Du 14 Avril 1739.

Arrest du Conseil, qui autorise les Ouvrages faits par augmentation & depuis l'adjudication du 20 May 1734. au Bâtiment de la Maison Consulaire de Roüen, & ordonne que par le sieur Blondel Architecte, il sera fait estimation desdits Ouvrages; ensemble des Pilotis dudit Bâtiment, &c. du prix desquels les Entrepreneurs seront payés des deniers provenans de l'Octroy sur les Marchandises qui entrent ou sortent de Roüen.

Du 14 Avril 1739.

* Lettres Patentes du Roy, *registrées au Parlement le 6 Juin 1739.* qui ordonnent, que pour tenir lieu de la vente ordinaire des Bois des Domaines de S. M. à Versailles & Marly, pour l'ordinaire de 1740. Il sera procedé au Bailliage de Versailles à la vente & adjudication de 211. Arpens de bois ou environ, dépendans desdits Domaines; dans lesquels Bois néanmoins ne seront compris les Chênes modernes ou Baliveaux qui seront

beaux & en bon fonds, lesquels seront comptés & marqués du Marteau de S. M. avec mention de leur exception dans le Cahier des charges desdites adjudications.

Du 14 Avril 1739.

* Arrest du Conseil, qui en déboutant Charles Yvon, Fermier des excédens des Droits Seigneuriaux casuels, & les Sieurs Charon & le Riche, Receveurs généraux des Domaines & Bois de la Généralité de Paris, de leur prétention de faire la recette des Droits d'Echange, & d'en percevoir les *6* s. pour livre; ordonne que Charles Barbier, ci-devant Fermier des Domaines de la Généralité de Paris, touchera seul les Droits de l'Echange des Terres de Lumigny & de la Malmaison, fait en 1721. entre la Dame Duchesse de Beauvillers & le Sr Duc d'Antin; en conséquence que le Sieur le Riche remettra audit Barbier la somme de 14*666* liv. payée audit Sieur le Riche par le Sr Duc de Rochechoüard pour les Droits dudit Echange.

Du 22 Avril 1739.

* Déclaration du Roy, *registrée au Parlement de Grenoble le 12 Juin 1739.* portant Réglement pour la publication des Substitutions dans le ressort du Parlement de Dauphiné, contenant *6*. Articles.

Du 28 Avril 1739.

* Arrest du Conseil, qui décharge le sieur Antoine Maziere, ancien Greffier en chef au Parlement de Grenoble, Secretaire du Roy Audiencier en la Chancellerie près le même Parlement, des Droits de Franc-Fiefs, pour sa jouissance de la Terre de Pinet, pendant le temps qu'il a exercé lesdits Offices; ordonne, qu'à compter du 30 Juin 1728. qu'il a cessé d'exercer celui de Secretaire du Roy, il payera lesdits Droits de ladite Terre de Pinet, & à compter de 1730. ceux des Terres & Seigneuries de Montseuroux & de Bozancieux; & par forme de Réglement, ordonne que les Officiers qui auront été revêtus d'Offices, dont la véterance est acquise par l'exercice

de vingt années, ne seront reputés Véterans, & ne jouiront des Priviléges attribués ausdits Offices, qu'après avoir exercé le même Office pendant vingt années, sans pouvoir cumuler l'exercice de plusieurs Offices, pour acquérir la véterance.

Du 28 Avril 1739.

* Arrest du Conseil, qui déboute les sieurs Joutra & consors héritiers du sieur Picoté de Belestre, de leur demande en exemption du Droit d'indemnité dû au Roy, à cause d'une Maison sise en sa Censive à Paris, léguée par ledit sieur de Belestre à la Paroisse de Saint Jean en Gréve, pour établir des Ecoles de Charité, ordonne l'exécution de la Donation du 21 Novembre 1724. & en conséquence, que les Curé & Marguilliers de ladite Paroisse seront tenus de payer annuellement au Domaine du Roy une somme de 140 livres pour le Droit d'indemnité dû, à cause de ladite Maison à eux léguée.

Du 19 May 1739.

* Arrest du Conseil, qui casse une Ordonnance du Bureau des Finances de Metz du 23 Mars 1736. & les assignations données en conséquence aux nommés Guillemain freres Pêcheurs de Poisson de la Paroisse de Moncy N. D. Michel Bourgeois & Jean Lancereau, aussi Pêcheurs de la Paroisse de Monthermé, les 30 Avril & 2 Mai 1739. à la Requeste de Henri Pichet, arriere Fermier du Domaine de Moncy N. D. & Braux, dépendans de la Prévôté de Chateau-Regnault, pour raison de la faculté de pêcher dans la Riviere de Meuze prétenduë par lesdits Guillemain, Bourgeois & Lancereau, renvoye les Parties au Siége de la Maîtrise des Eaux & Forests de Château-Regnault, déclare nulles les Commissions données par Etienne & Ponce, Pichet aussi arriers Fermiers de Braux, aux nommés Jean Boucher & Pierre Courtois Gardes des Bois du Roi, pour veiller à ce qu'il ne soit commis aucun délit dans ladite Pêche, & fait défenses à tous Fermiers & autres Particuliers, de donner de pareilles permissions sous telles peines qu'il appartiendra.

Du 26 Mai 1739.

* Sentence des Prévôt des Marchands & Echevins de Paris, qui condamne le nommé Marchais Marchand de Vin au Gros Caillou, en 3000 liv. d'amende applicable à l'Hôpital général, pour avoir construit sur un Terrain appartenant à l'Abbaye de S. Germain Desprez, un Edifice de cinq Toises de face, trois de profondeur & deux de hauteur du rez-de-chaussée dudit Terrain sous l'Egoût de la Couverture, où étoit ci-devant construite une Machine à battre du Plâtre ; Ordonne que ledit Edifice sera rasé, les Matériaux confisqués, la Place réunie au Domaine, & ledit Marchais tenu de déclarer les Entrepreneur, Maître Maçon, Charpentier & Ouvriers qui y ont travaillé.

Du 26 Mai 1739.

* Sentence des Prévôt des Marchands & Echevins de Paris, qui condamne Etienne Malessard Jardinier Maraicher, en trois mille livres d'amende, applicables à l'Hôpital général, pour avoir construit sur un Emplacement vague ruë du Mesnil montant, un Edifice de trois toises de face sur trois toises de profondeur, & environ trois toises deux pieds de hauteur, avec ouverture de Porte Chartiére, ordonne la démolition dudit Edifice, la confiscation des Matériaux, & la réunion de la Place au Domaine du Roi.

Du 29 Mai 1739.

* Sentence des Prévôt des Marchands & Echevins de Paris, qui condamne la Veuve Jubline en 3000 liv. d'amende, applicable à l'Hôpital général, pour avoir construit sur un Emplacement vague sis au Gros Caillou, rue du chemin de la Riviere & ayant face sur icelle, un Edifice de six toises de face sur cinq de profondeur, & environ trois toises & demie de hauteur ; ordonne que ledit Edifice sera rasé, les Matériaux confisqués, & la place réunie au Domaine du Roi.

Du mois de Juin 1739.

* Edit du Roi, *régiſtré en Parlement le* 15 *Juillet* 1739. portant réunion des Châtellenies des Villes de Romorantin & Milancay aux Bailliages Royaux desdites Villes, contenant 8 Articles, par le dernier desquels il est dit que les frais de Procédures qui étoient de la compétence du siége desdites Châtellenies ensemble les droits & vacations des Juges, Greffiers, Procureurs, Huissiers & Sergens, seront reglés sur le pied & de la même maniere qu'ils l'étoient pendant que lesdites affaires se portoient aux Siéges desdites Châtellenies sans aucune augmentation ni innovation.

Du premier Juin 1739.

* Déclaration du Roi, *regiſtrée au Parlement de Metz le* 6 *Juillet* 1739. portant Reglement général pour les fondations & établissement de Chapitres, Colleges, Séminaires, Chapelles, Maisons ou Communautés Religieuses, Hôpitaux, Hospices, Congrégations, Confrairies ou autres Corps & Communautés Ecclésiastiques ou Laïques, & les défenses à tous Gens de Main-morte de faire aucunes acquisitions de biens immeubles, maisons ou héritages de quelques natures qu'ils soient dans le Ressort du Parlement de Metz, sans permission expresse du Roi & en vertu de Lettres Patentes enregistrées audit Parlement, contenant vingt-six Articles.

Du 2 *Juin* 1739.

Arrest du Conseil, qui en conséquence du consentement donné par le sieur de Bussy Conseiller du Roi, Correcteur en la Chambre des Comptes en qualité de Propriétaire des Greffes de Poitiers par lui acquis de M. le Prince de Carignan, à ce que le sieur Deniset soit payé des deux sols pour livre de la part & portion qui lui revient dans la Finance desdits Greffes, ordonne que le sieur Denizet remettra au sieur Montmartel Garde du Trésor Royal, les Titres dont il est chargé par un Acte du 28 Mars 1725. & les autres Piéces qu'il a entre les mains, sur lesquelles a été faite la liquidation desdits Greffes, sauf audit sieur

Denizet à former telles oppositions qu'il jugera bon être à la délivrance des deniers qui reviendront à M. le Prince de Carignan & au sieur de Bussy, ses défenses au contraire.

Du 7 Juin 1739.

* Ordonnance du Roi, qui permet à tous Fermiers, Laboureurs & autres dans la Généralité de Paris, même dans l'étendue des Capitaineries Royales, de faire faucher pendant l'année 1739. seulement, & sans tirer à conséquence, tous les Prés de quelque nature & qualité qu'ils soient dans le tems qu'ils jugeront à propos, à commencer du 12 Juin & non auparavant.

Du 23 Juin 1739.

* Arrest du Conseil & Lettres Patentes, *régistrées au Parlement de Flandres le 31 Juillet* 1739. portant explication de l'Article XXVI. de la déclaration du 9 Juillet 1738. servant de Reglement pour les formalités à observer par les Ecclésiastiques & Gens de Main-morte des Pays de Flandres & du Haynault, tant à l'occasion des fondations ou établissemens de Chapitres, Colleges ou Séminaires, Maisons Religieuses, Hôpitaux, Confrairies ou autres Corps & Communautés Ecclésiastiques ou Laïques, que pour les biens par eux acquis ou à eux donnés depuis le premier Janvier 1681. ou qu'ils pourront acquérir à quelque titre que ce soit, contenant 4 Articles.

Du 30 Juin 1739.

* Edit du Roi, *régistré au Parlement de Dijon le 24 Juillet* 1739. portant réunion de la Prévôté d'Avalon, au Bailliage & Chancellerie de la même Ville, contenant 9 Articles, par le dernier desquels il est dit que les frais de Procédures qui étoient de la compétence du siége de la Prévôté, ensemble les droits & vacations des Juges, Greffiers, Procureurs, Huissiers ou Sergens, Receveurs des Consignations & Commissaires aux Saisies réelles, seront reglés sur le pied & de la même maniere qu'ils étoient pendant que lesdites affaires se portoient en la Prévôté sans augmentation ni innovation à cet égard.

Du 7 Juillet 1739.

* Sentence de Messieurs les Prévôt des Marchands & Echevins de la Ville de Paris, qui condamne le nommé Déserre & sa femme, Propriétaires d'un Terrein sis au lieu, dit le Gros Caillou, & le nommé Huart Desjardins Maître Maçon, sçavoir ledit Déserre & sa femme en trois mille livres d'amende, applicable à l'Hôpital général de ladite Ville, pour avoir contre les dispositions des déclarations du Roi, commencé la construction d'une Maison sise sur ledit Terrain, ayant face sur la rue S. Dominique & sur celle qui mene au Pont de l'Isle des Cignes, & ledit Desjardins en mille livres aussi d'amende, pour avoir commencé ladite construction, ordonne la démolition desdites constructions, la confiscation des Matériaux, la réunion de la Place au Domaine du Roi, & déclare ledit Desjardins déchû de sa Maîtrise.

Du 7 Juillet 1739.

* Sentence de Messieurs les Prévôt des Marchands & Echevins de la Ville de Paris, qui condamne Jacques Sorin Blanchisseur, en trois mille livres d'amende, applicable à l'Hôpital général de ladite Ville, pour avoir contre les dispositions des déclarations du Roi, construit une Maison & un Sellier sur un Terrain situé au Gros Caillou, dont il est Propriétaire, rue du chemin de la Riviere, ordonne que lesdites Maison & Sellier, seront rasés, les Matériaux confisqués, la Place réunie au Domaine du Roi, & que ledit Sorin sera tenu de déclarer les Entrepreneur, Maître Maçon, Charpentier & Ouvriers qui y ont travaillé.

Du 10 Juillet 1739.

* Sentence de Messieurs les Prévôt des Marchands & Echevins de la Ville de Paris, qui condamne le nommé Lorinet Voiturier par terre, en trois mille livres d'amende, applicable à l'Hôpital général de ladite Ville, pour avoir en contravention des déclarations du Roi, fait construire sur le derriere de l'emplacement de sa Maison, faisant l'encoignure des rues S. Lazare

& de la Planchette, un Corps de Logis de six toises de face sur la Cour, sur deux toises un pied de profondeur, & déja élevé de neuf pieds de haut, & avoir fait l'ouverture d'une Porte Chartiere, ordonne que lesdites constructions seront rasées, les Matériaux confisqués, la Place réunie au Domaine du Roi, & qu'il sera tenu de déclarer les Entrepreneur, Maître Maçon, Charpentier & Ouvrier qui ont conduit lesdits ouvrages.

Du 10 *Juillet* 1739.

* Déclaration du Roi, *enregistrée au Parlement le* 4 *Aoust* 1739. qui en interprétant l'Edit du mois de Mai 1733. portant réunion de la Prevôté Royale de Provins au Bailliage Royal & Siége Présidial de la même Ville, ordonne que toutes les Causes & Procès, dont ladite Prevôté étoit en droit & possession de connoître en premiere Instance avant ladite réunion, seront portées sans aucune exception audit Bailliage & Siége Présidial, pour être celles qui n'excéderont pas les sommes fixées par le premier & le second chef dudit Edit, jugées conformément à icelui par ledit Siége Présidial, & celles qui excéderont lesdites sommes jugées par ledit Bailliage, sans que dans l'un ou dans l'autre cas, les Parties ayent besoin d'obtenir une Commission pour faire assigner audit Siége Présidial & audit Bailliage, ceux contre lesquels elles auront des demandes à former en premiere Instance.

Du 19 *Juillet* 1739.

* Déclaration du Roi, *registrée au Parlement le* 4 *Aoust* 1739. qui permet aux Marchands & autres sujets de la Grande Bretagne, de léguer ou donner, soit par testament, donation, ou par quelque autre disposition que ce soit, tant en santé que maladie, même à l'article de la mort, toutes les Marchandises, effets, argent, dettes actives & autres biens mobiliers, qui se trouveront ou devront leur appartenir, au jour de leur décès dans les Territoires & lieux de la domination du Roi; ordonne en outre que soit qu'ils meurent après avoir testé, ou *ab intestat*, leurs légitimes héritiers, exécuteurs ou administrateurs demeurans dans les lieux de la domination de Sa Majesté ou venant

d'ailleurs, quoiqu'ils ne soient pas reçûs dans le nombre des Citoyens, pourront recouvrer & jouir paisiblement de tous lesdits biens & effets quelconques, selon les loix de la Grande Bretagne, de maniere cependant que lesdits sujets de la Grande Bretagne, soient tenus de faire reconnoître selon les loix, les testamens ou le droit de recueillir les successions *ab intestat* dans les lieux où chacun sera décedé.

Du 21 Juillet 1739.

* Sentence de Messieurs les Prévôt des Marchands & Echevins de la Ville de Paris, qui condamne Jean Boittelet Marchand de Vin, Propriétaire d'une Maison sise au Fauxbourg S. Marcel, & le nommé Nobillot Maître Maçon, sçavoir, ledit Boittelet en trois mille livres d'amende, applicable à l'Hôpital général de ladite Ville, pour avoir en contravention des déclarations du Roi, fait faire différentes constructions & augmentations aux Bâtimens de ladite Maison, & ledit Nobillot en mille livres aussi d'amende, applicable audit Hôpital, pour avoir fait lesdites constructions & augmentations; ordonne qu'elles seront rasées, les Matériaux confisqués, la Place réunie au Domaine du Roi, & interdit ledit Nobillot de sa Maîtrise.

Du 26 Juillet 1739.

* Arrest du Conseil, qui ordonue la démolition & la reconstruction de la Porte d'Entrée de la Halle aux Draps & du mur au-dessus, permet aux Gardes des Marchands Drapiers & Merciers d'acquérir le Terrain sur lequel étoient ci-devant construites deux Echoppes à côté de ladite Porte, & ordonne en outre que le montant du prix, tant de l'acquisition du Terrain que de la démolition, nouvelle reconstruction & Bâtimens nécessaires pour le logement d'un Concierge, & le Magasin de deux Pompes sera pris sur le produit des Droits qui se perçoivent à la Halle aux Draps, en vertu des déclarations des 30 Décembre 1704. & 6 Aoust 1715.

Du premier Aoust 1739.

* Ordonnance de Police, qui ordonne que toutes les Echoppes qui ont été construites depuis le premier Janvier 1738. dans

les rues de Paris, seront démolies, & fait défenses d'en construire de nouvelles à l'avenir, ni de se placer dans aucunes des rues de ladite Ville & Fauxbourgs, avec des Planches, Tables ou Inventaires, sous aucun prétexte tel qu'il puisse être, le tout à peine de cinquante livres d'amende.

Du 8 *Aoust* 1739.

* Ordonnance de M. l'Intendant de la Ville & Généralité de Paris, qui renouvelle les dispositions portées par les précédens Reglemens rendus concernant la régie & perception des droits de Controlle des Actes des Notaires & sous signature privée, insinuation, Laïques, centiéme denier, petit Scel, Controlle des Exploits, Greffes & Droits réservés dans les Cours & Jurisdictions sur les Actes & autres Piéces de Procédures.

Du 13 *Aoust* 1739.

* Ordonnance du Bureau des Finances de la Ville & Généralité de Paris, qui ordonne que tous Propriétaires d'Echopes, soit fixes ou permanentes, soit en partie fixes, & en partie mobiles, seront tenus de les faire démolir, sinon & à faute de ce faire, ordonne qu'elles seront démolies à leurs frais & dépens, à la diligence des Commissaires de la Voyerie, dont leur sera délivré exécutoire, les Materiaux en provenant, confisqués & portés au Chantier du Roy, & lesdits Propriétaires condamnés chacun en cinquante livres d'amende pour la contravention; & défend à toutes personnes de quelque qualité & condition qu'elles soient, de construire ou faire construire à l'avenir, aucunes Echopes ni en rétablir d'anciennes à peine de démolition, confiscation des Materiaux, & de trois cent livres d'amende contre chacun des contrevenans.

Du 18 *Aoust* 1739.

Arrest du Conseil, qui ordonne que par le Sieur Intendant & Commissaire départi en la Généralité de Roüen, il sera dressé Procès-verbal des anciennes Pencartes, qui existent des droits de Minage, Travers, Coutumes & autres Droits qui se levent sur le Public, & qui font partie des Domaines de Gisors, Vernon, Andely & Lyons, cedés par Sa Majesté à M.

le Comte de Belle-Isle, par les Contrats d'échange des 2 Octobre 1718. & 27 May 1719. & les Lettres Patentes portant ratification dudit échange du mois de Mars 1731. pour parvenir au rétablissement des Tarifs & Pencartes desdits Droits ; à l'effet dequoi ledit Sieur Intendant entendra les principaux Habitans, & fera les Enquêtes & autres informations préalables & nécessaires, pour ledit Procès-verbal & Enquêtes & autres informations envoyées avec son avis à M. le Controlleur Général des Finances, être par Sa Majesté ordonné ce qu'il appartiendra.

Du 7 Septembre 1739.

* Département de Messieurs les Fermiers Généraux, pour le service des Fermes Royales unies, pendant la deuxiéme année du Bail de Me. Jacques Forceville.

Du 12 Septembre 1739.

* Arrest du Conseil, portant Réglement & fixation des Droits des Sécretaires, Greffiers du Conseil ; Greffiers Gardes-Sacs, Commis du Greffe, & Greffiers des Commissions extraordinaires.

Du 22 Septembre 1739.

* Arrest du Conseil, qui décharge différens Particuliers assignés au Châtelet de Paris, à la requête de la veuve Barreau, des assignations à eux données pour le payement d'arrérages de Cens & Rentes dûs au Fief de Chedeville, en la Paroisse de Clamart ; fait défenses à ladite veuve, de faire sur icelles aucunes poursuites, à peine de nullité, sauf à elle à remettre au Procureur du Roy de la Commission du Terrier des Domaines de Versailles, Marly, Saint Germain en Laye & Meudon, les déclarations, si aucunes lui ont été passées, ou à ses auteurs, à cause dudit Fief ; à l'effet de justifier des Censives par elle prétenduës, & à se pourvoir par-devant lesdits Sieurs Commissaires ; pour sur le vû desdites déclarations & sur les conclusions dudit Procureur du Roy, être ordonné ce qu'il appartiendra, & ordonne qu'il sera continué de proceder à la confection dudit Terrier, sans aucun rétardement.

FIN.

www.ingramcontent.com/pod-product-compliance
Ingram Content Group UK Ltd.
Pitfield, Milton Keynes, MK11 3LW, UK
UKHW022108260726
13993UKWH00001B/377